こんなに違う通勤電車

関東、関西、全国、そして海外の通勤事情

谷川一巳
Tanigawa Hitomi

交通新聞社新書 073

はじめに

先日、ロシアでこんなことがあった。取材先の人と雑談する機会があり、モスクワの交通渋滞が話題になった。そんな時、同行の出版社社員が「自宅から会社まで2時間かけて通勤している」と言ったら、ロシア人はたいそう驚いていた。しかも彼の言う2時間は往復ではなく、片道である。毎日JRと私鉄を乗り継いで満員電車に往復4時間揺られている。片道2時間の通勤・通学時間は、日本ではさほど珍しくはないが、ロシアではそのような例はないようで、彼らは目を丸くしてその話を聞いていたのが印象的であった。

日本は海外に比べて都市の交通網が整っている。こんなにも都市内に多くの鉄道網が張り巡らされている国はない。券売機なども充実し、1万円札でも初乗り切符が買える。アメリカでは有人の切符売場でも50ドル札や100ドル札は使えないことが多いのだ。券売機は壊れていることもしばしばで、お釣りが出てこなかったり、現地の人でも使いこなせていなかったりすることが多い。

しかし、日本の大都市通勤事情は、とても先進国といえるものではない。座って通勤はおろか、他人の肌と肌が触れ合うほど混雑する列車で、長時間の乗車が強いられている。再びアメリカの例を引き合いに出すが、ニューヨークの郊外鉄道には、通勤列車にビュッフェがあり、彼らはモーニングコーヒーを飲みながら通勤していた。何と優雅なことか。こんな通勤に慣れていると、彼らは日本の満員電車にはとても乗ることはできないそうだ。

東京地下鉄銀座線赤坂見附駅で、朝のラッシュ時間がそろそろ終わろうとする時、こんな光景を見た。赤坂見附界隈のホテルに泊まっていると思しき欧米人が、これから地下鉄に乗って銀座か浅草にでも観光に出かけるという様子であった。東京滞在中の観光と思われ、大荷物などは持っていない。しかし、ほぼ2分間隔でやってくる電車はどれも満員、日本人は平気でドア付近の人を押して乗車しているが、結局、彼らは4～5本の電車を見送ったものの乗車を諦めて改札口へ戻って行った。

欧米で日本を映像で手っ取り早く紹介する場合、富士山、京都、舞妓さん、秋葉原、浅草、原宿などを出してくるが、同時に紹介されるのが新宿駅の通勤風景である。次々に到着する電車から排出される人、人、人……。日本へ来る国際線の機内で、成田空港が近付くと、簡単な日本紹介のビデオが上映されるが、海外からの旅行客はこの新宿駅風景を見て、「Like an army」（軍隊のよう）と言う。大勢の人が順番を守って移動しているという意味もあるが、一様に同じような色のスーツに同じような柄のネクタイを締めているという意味もある。日本人からすると、見慣れた光景でも、海外から見ると日本を象徴する特異な光景なのである。

もちろん、発展途上国ではもっと過酷な通勤事情はある。ドアの閉まらない満員電車や、屋根上にまで乗客が溢れている国だってある。しかし、先進国で、夏季オリンピックを2回もやろうという都市がある国にしては、日本の大都市通勤列車事情はお粗末なような気がする。

本書では、日本の通勤電車の優れた仕組み、意外に日本国内でも地域によって異なる通勤列車事情、そして海外の通勤列車事情、都市交通事情に学ぶべき点はないかなども検証したい。日本の都市交通は、世界でも例を見ないほど整っていることは、海外でもよく知られている。車内は清潔、全駅にトイレがあり、エレベーター、エスカレーターの普及率も高い。深夜に1人で乗っても安全である。ダイヤ通りに正確に運転され、鉄道が遅れると、駅の改札口には遅延証明書なる紙が配られるが、このようなことは海外では考えられない。

しかし、海外の都市交通を利用してみて感じるのは、かといって日本の都市交通にまったく問題がないわけでもないということだ。やはり、どうせなら、すべての面で日本の都市交通が世界一といわれるようになってほしいものである。そのため、日本の都市交通に対しては辛口の面があるかもしれないことを最初に述べておきたい。なお、本文中の鉄道運賃は切符購入時の額で表示、ＩＣ乗車券利用の場合は異なる額となることがあることも先に述べておく。

こんなに違う通勤電車——目次

第2章　住む場所によって変わる交通費

第3章　ドアばかり、座席のない電車も走る通勤事情

第6章　発達している東アジアに見る都市交通事情

第1章

都心を貫通する通勤路線

ダイヤに正確な日本の鉄道

平成25年（２０１３）７月にこんなことがあった。ＪＲ京浜東北線南浦和駅で、誤ってホームと停車中の電車の間に落ちた女性を、居合わせた乗客など40人が32トンもある電車を人力で押して傾け、女性を救出したというニュースが世界を駆け巡った。見知らぬ人同士が助け合う光景として好意的な記事として配信されたが、世界が驚いたのは、救出劇でも、女性に目立ったケガがなかったことでもなかった。ニュースの内容としてはどうでもいいような、最後に付け加えられた「この影響で京浜東北線は最大８分遅れた」という部分であった。世界的には、通勤電車が８分遅れるなどというのは、遅れとはいえず、誤差の範囲である。「日本の鉄道は時間に正確」というのは世界でも知られているが、「そんなにも正確なのか」という驚きであったのだ。

鉄道会社はなぜ「ダイヤ通り」にそれほどこだわるのか。ダイヤに正確な運行はいいことだが、そのダイヤにある程度余裕を持たせて、それでダイヤ通りの運行ではいけないのかと思うことがある。ラッシュ時間帯、主要駅では降りる乗客が多く、乗車客は、降車客が全員降りるのを待ってから乗車する。ところが、まだ降車すら終わってないタイミングで「ドアが閉まります」という放送が流れるとムッとすることがある。こうなると、「ダイヤ通り」というより「どうしてそんなに急いでいるんだろう」と感じてしまう。しかし、それにはさまざまな理由がありそうである。

上野東京ラインの開業でＪＲはさらに便利に

東京の通勤事情を大きく変えたものに湘南新宿ラインがあった。郊外からの上り列車が、都心を貫通して今度は反対側で下り列車となって郊外へ向かうのは効率がいい。多くの利用者が乗り換えなしで目的地に到達でき、所要時間も短縮される。運行側も混雑するターミナル駅で折り返す必要がなくなるほか、敷地の確保が難しい中心地側に車両基地を持つ必要がなくなる。

平成27年（２０１５）には上野東京ラインも開業する。東北本線、高崎線の上野起終点の列車と東海道本線の東京起終点の列車の一部が直通運転になる。これらの列車は、今までそっぽを向くように上野と東京で折り返していて、この間をつなぐには上野～東京間で山手線か京浜東北線を利用しなければならなかったので、上野東京ラインが開業すると、山手線と京浜東北線の混雑も緩和されるであろう。

開業後は宇都宮発上野東京ライン経由小田原行き、高崎発上野東京ライン経由小田原行きなどとなるのだろうか？　現在でも高崎発湘南新宿ライン経由小田原行きなどがあるので、２通りの経路ができることになり、ルートは複雑になるが、選択肢ができることで利便性が高まりそうだ。

この路線の開業で通勤経路が変わる、乗り換えがなくなって楽になるという人は多いはずである。

この路線へは常磐線も乗り入れる。常磐線取手以北に乗り入れる車両は交直両用車両である必要があり、現在東海道本線など直流区間のみを走っている電車は取手以北に入れない。交直両用車両は直流専用車両に比べて高価なため、交直両用車両が長い区間にわたって直流区間を走行するのは効率が悪い。常磐線からの乗り入れは直流車両のみを使い、品川までとなったようである。上野駅で常磐線の線路から上野東京ラインへ乗り入れる際、平面交差になるのもネックとされている。いずれにしても、常磐線方面からも都心へのアクセスは改善される。

上野東京ラインが完成すると、東京圏のＪＲの通勤電車はほとんどが近郊～都心～近郊といった運行になる。中央・総武緩行線は古くから千葉～三鷹間で直通運転を行っていたほか、横須賀線と総武本線は昭和55年（１９８０）から地下区間を介して直通運転を行っている。現在では信じられないかもしれないが、それまでは東海道本線と横須賀線の列車は同じ線路を走っていた。

埼京線も現在の東京にはなくてはならない存在だが、それほど長い歴史を持つ路線ではない。大崎～池袋間は山手貨物線の線路を利用しているが、その名のとおり、かつては貨物列車の専用線だった（一部の例外あり）。それが武蔵野線の完成により、都心に入ることなく郊外でバイパスできるようになったため、山手貨物線は旅客列車にも利用されることになった。現在、埼京線、湘南新宿ライン、「成田エクスプレス」などが走る線路は元々貨物専用線だったのだ（現在でも少数ながら貨物列車の運転もある）。

また、埼京線が運行する池袋〜赤羽間は赤羽線といい、かつてはこの区間だけのシャトル運行で、都会のローカル線っぽい区間であった。赤羽〜大宮間は東北新幹線に寄り添うように運行しているが、埼京線誕生の経緯は、東北・上越新幹線の高架が通ることによる地域分断、騒音など地域住民への迷惑の見返りといった意味合いで建設されている。埼京線は現在となっては混雑度の激しい路線として上位にランクされるが、建設経緯は「瓢箪から駒」的だった。

その埼京線も埼玉県側では川越線の川越を始発にし、大崎からは東京臨海高速鉄道に乗り入れていているので、都心を貫通する通勤路線に数えていいだろう。本来なら東京臨海高速鉄道りんかい線の終点新木場から京葉線に乗り入れ、蘇我方面へ直通できるはずで、そうなれば「新宿臨海ライン」とでもなったはずなのだが、実現に至っていない。運行している車両、電化方式、編成両数などが同じなので、すぐにでも直通できそうだが、直通させると、東京臨海高速鉄道部分の運賃授受ができないというのが直通できないでいる理由だ。たとえば、新宿から千葉方面に向かう場合、中央総武線を経由したのか、東京臨海高速鉄道線を経由したのかわからなくなってしまう。東京臨海高速鉄道は第三セクターで、90％以上を東京都が出資している。いわば都営交通の

京成電鉄の夜間改軌工事の様子。営業運転を休止することなく、深夜の限られた時間で本作業が進められた（写真：京成電鉄提供）

ようなものだ。利用者の利便性を第一に考えて何とかならないのかと思う。

埼京線の開通は大きな影響があり、並行する山手線の混雑が緩和されたほか、現在の東京地下鉄副都心線はもっとずっと以前に建設されるはずだったが（有楽町線と同時期）、埼京線の計画があったため、二重投資になるとして後回しとなっていた。

京成電鉄は改軌までして都心乗り入れを果たしている

都心を貫通して郊外〜都心〜郊外と運行するのはＪＲばかりではない。ＪＲばかりではないというより、地下鉄と相互乗り入れすることで、東京の大手私鉄は古くから都心を貫通して反対側の郊外へと運行していた。

地下鉄と私鉄の相互直通運転のパイオニア的存在は、東京都営地下鉄浅草線（当時は１号線）、京浜急行電鉄、京成電鉄の３社である。京浜急行電鉄は浅草線に乗り入れるために自力で品川〜泉岳寺間の地下トンネルを掘っている。また、京成電鉄は当時レール幅が現在の京王電鉄と同じ１３７２ミリだったため、浅草線に乗り入れるために標準軌の１４３５ミリに改軌して乗り入れている。台車などすべてを刷新する必要があり、都心乗り入れのための並々ならぬ意欲を感じるとともに、よくそんなことを成し遂げたと、偉業にさえ思う。この改軌は、日本の鉄道史上でも特筆されることで、京成電鉄はレール幅の変換を、営業運転を休止することなくやってのけている。全区間を11のブロックに分け、少しずつ夜間に行ったのである。昭和34年（１９５９）10月からたった2カ月で改軌を終了し、翌35年には浅草線への乗り入れを開始している。

前述の、運賃授受のため直通運転できない東京臨海高速鉄道とは明らかな意識の違いを感じる。

浅草線には、現在では北総鉄道、芝山鉄道も乗り入れるなど、多彩な路線から列車が乗り入れる路線となった。浅草線以降、東京では地下鉄と私鉄の相互乗り入れは当たり前となる。列挙してみると、

・東京地下鉄（当時は営団地下鉄、以下省略）日比谷線、東京急行電鉄東横線（現在は直通運転終了）、東武鉄道伊勢崎線の3路線
・東京地下鉄東西線、JR（当時は国鉄、以下省略）中央本線、総武本線、東葉高速鉄道の4路線
・東京地下鉄千代田線、小田急電鉄小田原線、JR常磐線の3路線
・東京地下鉄有楽町線、東武鉄道東上線、西武鉄道池袋線の3路線
・東京地下鉄半蔵門線、東京急行電鉄田園都市線、東武鉄道伊勢崎線の3路線
・東京地下鉄南北線、東京急行電鉄目黒線、埼玉高速鉄道の3路線
・東京地下鉄副都心線、東武鉄道東上線、西武鉄道池袋線、東京急行電鉄東横線、横浜高速鉄道の5路線
・東京都営地下鉄三田線、東京急行電鉄目黒線の2路線
・東京都営地下鉄新宿線、京王電鉄京王線の2路線

以上の各路線で郊外への路線と都心を走る地下鉄が相互乗り入れを行っている。

東京では私鉄路線は地下鉄に乗り入れるというのが当たり前になっていて、東京急行電鉄東横

線のように、日比谷線乗り入れから副都心線乗り入れへと、乗り入れ先を変えた路線すらある。地下鉄に乗り入れない有力な私鉄路線は、もはや西武鉄道新宿線と京王電鉄井の頭線の2路線だけとなった。地下鉄側から見ても、地下鉄路線だけで完結するのは、初期にできた第三軌条式の東京地下鉄銀座線と丸ノ内線、逆に新しい路線で、地下深くを掘るためにトンネル断面を小さくし、リニア駆動式にした東京都営地下鉄大江戸線の3路線だけである。その他の地下鉄路線はすべて郊外への直通を前提に造られた。

この相互乗り入れ、当初は戸惑いもあった。郊外路線が地下鉄に直通することで、都心に乗り換えなしで通勤でき、利便性は向上したが、なかには開業当初、「迷惑乗り入れ」と呼ばれた路線もあった。常磐線の千代田線乗り入れに際しては、常磐線は合わせて北千住～我孫子間が複々線となり、快速列車も運行されるようになった。しかし、快速は北千住から松戸まで通過し、快速が停車しない駅は千代田線乗り入れ列車しか走らなくなった。それらの駅から上野へ出る場合は快速に乗り換える必要があるのに、快速が綾瀬に停車しないため、北千住で地下ホームから地上ホームへ乗り換えなければならなくなった。かといって、西日暮里で乗り換えると運賃が2社にまたがり高くなる。現在となっては、千代田線で都心に直通できて便利なのだが、当時の常磐線沿線では「上野」がターミナルといった意識が強かったため、快速の停車しない駅の住民にとっては「迷惑乗り入れ」とも呼ばれた。

相互乗り入れ各社の車両分担はどうなっているのか？

私鉄と地下鉄路線の相互乗り入れでは、それぞれの車両の運用はどうなっているのだろう。東京地下鉄半蔵門線は東京急行電鉄田園都市線、東武鉄道伊勢崎線・日光線に乗り入れていて、3社の車両が使われている。といっても、各社が33％ずつ車両を提供し合っているわけではない。

普段半蔵門線を利用していると、「東急の電車がやってくることが多い」と感じている人が多いのではないだろうか。実際に東京急行電鉄車両が多く使われていて、東京地下鉄車両25編成に対し、東京急行電鉄車両は47編成と、倍近くの両数を運転している。東武鉄道は24編成と少ない。この両数はどのように決められるのか。

相互直通運転を行う距離のうち、各社の距離割合で決められている。直通運転区間のうち、東京地下鉄が渋谷～押上間16・8キロに対し、東京急行電鉄の渋谷～中央林間間は31・5キロと長く、その分、東京急行電鉄車両の比率が高くなる。しかし、距離でいえば東武鉄道部分のほうが長く、半蔵門線の電車が乗り入れる押上～久喜間と東武動物公園～南栗橋間の合計距離は57キロ。3社の相互乗り入れ区間では、東武鉄道区間が最も長い。車両数は東京地下鉄27％、東京急行電

半蔵門線では東京急行電鉄の車両に出合う機会が多い

鉄49％、東武鉄道24％なのに、距離は東京地下鉄16％、東京急行電鉄30％、東武鉄道54％で、それぞれの車両数と運行距離の比率が合致しない。

しかし、必要車両数は単純に距離割合だけで決まるのではない。列車密度も問題になる。半蔵門線の列車は、西行きは全列車が渋谷から東京急行電鉄線内に乗り入れるのに対し、北行きは押上《おしあげ》止まりの列車が多く、清澄白河《きよすみしらかわ》で折り返す列車もある。半蔵門線の列車は、全列車が東京急行電鉄に乗り入れるが、東武鉄道に乗り入れるのは全列車ではない。そのため、東武鉄道部分は距離が長いものの、東武鉄道が用意する車両数は少なくなる。相互乗り入れに対する車両数は全列車の総走行距離が、自社の距離割合の比率に相当するようになっている。

このような車両運用は市販の時刻表から読み取る

ことができる。月刊の『東京時刻表』（交通新聞社）には、東京の鉄道路線が全列車掲載され、半蔵門線でいえば列車番号末尾「S」が東京地下鉄車両、「K」が東京急行電鉄車両、「T」が東武鉄道車両である。列車番号はおおむね最初の数字が始発駅を出る時間、下2桁が運用番号なので、時刻表を追って行き、表を作成すれば、その路線を運行するのに電車が何編成あればいいのかもわかる。

たとえば、半蔵門線の平日ダイヤ西行き始発は、水天宮前5時3分の中央林間行きで列車番号は「581S」、これは始発駅を5時台に発車する81運用で、東京地下鉄車両であることを示す。終点の中央林間に5時58分着、すると、この時間以降に中央林間を発車する列車に、6時20分発急行久喜行きがあり、列車番号は「681S」となっている。運用番号は変わらないが、始発の出発時間が6時台となるので最初の数字が6に変わる。なお、運用番号（ここでは81）は、上りと下りで奇数・偶数が入れ代わる路線もある。同じく交通新聞社刊の『私鉄車両編成表』を見れば、各社が所有する電車の両数がわかるので、普段何編成が使われていて、予備車が何編成あるのかもわかる。時刻表といえばネット検索で事足りる時代であるが、今でも紙の時刻表は、これらのことを読み込めば、興味は尽きないはずだ。

東京地下鉄有楽町線は東武鉄道東上線、西武鉄道池袋線車両も運行、東京地下鉄副都心線はこ

れらの路線の車両に加えて、東京急行電鉄東横線、さらに横浜高速鉄道線（みなとみらい線）車両も相互直通運転を行っている。列車番号は東京地下鉄車両が「S」、東武鉄道が「T」、西武鉄道が「M」、東京急行電鉄と横浜高速鉄道が「K」である。前述の『東京時刻表』を手繰ると、興味深い列車もある。列車番号末尾「M」の西武鉄道の車両は、小竹向原から西武鉄道線内に入り、飯能《はんのう》方面へ向かう列車ばかりかと思われるが、そうとは限らない。西武鉄道車両が飯能方面から新木場へ向かい、折り返して東上線の接続駅である和光市《わこうし》に向かう列車もある。「なぜ西武鉄道車両が和光市に向かうのだろう？」とも思うが、これにも理由がある。相互乗り入れでは、各社の自社の距離、列車密度分の走行距離があり、自社の持ち分相当を自社車両で運転することになるが、その距離の調整として、西武鉄道車両が東京地下鉄路線内を走っていると思えばいいのだ。このようにして、各社の走行距離の負担割合を平等にしている。

当初、三田線は東上線に乗り入れるはずだった

東京では、地下鉄と郊外へ延びる私鉄が相互乗り入れするのが当たり前になり、建設時期の古い銀座線、丸ノ内線と、リニア地下鉄の大江戸線を除いて、運輸省（現在の国土交通省）の諮問機関である都市交通審議会（現在は運輸政策審議会）の答申に基づき、地下鉄は建設時から他社

線との乗り入れを前提に建設された。

東京地下鉄半蔵門線は、昭和53年（1978）に最初の区間として渋谷～青山一丁目間が開業、開業時には地下鉄車両はなく、東京急行電鉄車両のみで運行した。他の地下鉄路線と違って、半蔵門線車両の車両基地は半蔵門線沿線にはない。半蔵門線の車両基地は田園都市線の鷺沼《さぎぬま》（神奈川県川崎市）にある。

半蔵門線の車両は、他社線を通らないと車両基地に戻れないという特異な路線だ。それだけ地下鉄と私鉄は密接な関係になっている。鷺沼は元々田園都市線の車両基地で、田園都市線の車両基地を長津田に移転させ、鷺沼を半蔵門線用に明け渡した格好になっている。東京地下鉄と東京急行電鉄は運命共同体である。

私鉄と地下鉄の相互乗り入れでは「そうだったのか！」と思うようなエピソードもある。東京都営地下鉄三田線は、現在でこそ東京急行電鉄目黒線と相互乗り入れを行っているが、計画通りに建設されたわけではない。三田線が目黒線と相互乗り入れを始めたのは平成12年（2000）だが、三田線の最初の区間が開通したのは昭和43年（1968）と古い。32年間も三田線は三田線だけで運転しているが、実は当初から私鉄との相互乗り入れ計画があって建設された。

三田線は当初計画では浅草線と同じ1435ミリ軌間とし、浅草線の馬込にある車両基地を共

秩父鉄道を運行する元三田線車両は、東武鉄道や東京急行電鉄に乗り入れる予定があった

用する計画があった。しかし、時代はすでに「地下鉄は私鉄と相互乗り入れを行う」というのがスタンダードになりつつあった頃で、三田線は北では東武鉄道東上線と、西では東京急行電鉄池上線、そして、現在の名称で表すと大井町線、田園都市線へと乗り入れる計画になっていた（現在の大井町線は当時、田園都市線の一部だった）。

ルートは、東武鉄道東上線の和光市から三田線の高島平までの接続線を建設、池上線とは五反田の西で接続し、池上線と大井町線は旗の台付近に接続線を建設して二子玉川方向へ抜け、さらに神奈川県に至るものであった。

そのため、三田線は１４３５ミリ軌間ではなく、東上線や池上線と同じ１０６７ミリ軌間で建設され、馬込の車両基地の共用もできなくなったので、三田線専用の車両基地が志村（東京都板橋区）に建設された。東京都営地下鉄三田線は東武鉄道と東京急行電鉄をつなげるための仲介役として、それぞれの鉄道に規格を合わせたのだ。

ところが、後に東武鉄道は東上線の乗り入れ先を三田線から有楽町線に、東京急行電鉄は田園都市線の乗り入れ先を自社で建設する新玉川線（現在は田園都市線）、地下鉄半蔵門線へと鞍替えしてしまう。現在となってはこのルートのほうが自然と思われるが、当時は埼玉県から高島平、都心、そして池上線、大井町線、田園都市線というルートが考えられていたわけで、もし実現していたらそれぞれの地域のイメージもかなり違ったものになっていたのではないかと思われる。

貧乏くじを引いてしまったのは東京都営地下鉄三田線で、2社の私鉄との相互直通運転の話が白紙になったことから、車両基地まで新設して1067ミリ軌間を採用したことの意味がなくなってしまう。三田線が東上線や池上線に乗り入れるという計画が白紙になったのが昭和40年（1965）、三田線の最初の区間が開通したのが昭和43年（1968）、すでに建設工事は中盤を迎えていて、大幅な規格変更もできず、三田線は当初、先がはっきりしないままでの開業となったのだ。北へ新大宮バイパスに沿い、浦和市（現在のさいたま市）西部へ埼玉県営鉄道として延伸することも検討されたが、すでにJR埼京線が計画されていて、重複するために計画は見送られた。

以後、東京都と東京急行電鉄の関係はギクシャクした状態が続いたともいう。長らく三田線が三田という都心で路線が終わっていたのは、そこから先の出口が見つからなかったためなのである。不運の路線といえば不運の路線であった。

しかし、乗り入れの白紙撤回から35年を経て三田線の電車は目黒で東京急行電鉄目黒線と相互乗り入れを行うようになった。過去を知っていると「結局東急と手を結んだか」と思えたものである。道のりは長かったが、1067ミリ軌間、架線集電式という車両のメリットが発揮されたのである。

思えば、三田線開業時に運行していた6000形車両は東武鉄道や東京急行電鉄でも運転することを考慮した設計だったものの、結局他社線を走ることはなかった。東京急行電鉄目黒線乗り入れに際し、ワンマン運転が実施され、目黒線ともども新型車両に揃えられることになり、6000形はまだまだ走れる状態だったにもかかわらず、全車が三田線から引退し、新型の6300形に揃えられることになった。

鉄道ファンとしては、まだまだ使える状態にありながら、引退せざるを得なかった6000形は不運な車両に思えたが、比較的新しい状態で引退したために、秩父鉄道や熊本電気鉄道で主力車両として活躍することになったほか、インドネシアのジャカルタ近郊電車としてまとまった数が運行されることになった。早期に三田線を退職したために、いい第二の就職先が見つかったともいえ、どこか人生にも似た過程を感じる。

このように、東京では「地下鉄は郊外の私鉄路線などを都心に乗り入れさせるもの」といった立場になっている。後に紹介する大阪の地下鉄とはかなり異なる。このような見地で東京都営地下鉄を見てみると、各路線は郊外への私鉄との相互乗り入れを第一義に建設されてきたことがわかる。都営地下鉄各線は、浅草線は京浜急行電鉄と相互乗り入れするために1435ミリ軌間、三田線は前述のように、当初は東武鉄道と東京急行電鉄と相互乗り入れするために1067ミリ軌間、新宿線は京王電鉄と相互乗り入れするために1372ミリ軌間を採用しており、その結果都営地下鉄路線同士は交わることも車両基地を共有することもできなくなっている。郊外への私鉄を都心に乗り入れさせる役目を担っている。

相互乗り入れが中止されると不便な路線は?

東京での地下鉄と私鉄の相互乗り入れを眺めると、複数の鉄道会社が連携し、通勤輸送に従事し、都市交通を構成していることが理解できるが、すると、この章の冒頭に述べた「ダイヤ通り」至上主義になることもだんだん理解できてくる。A社の電車が行った後にB社の電車がやってきて、さらに次はC社の電車が別の線から乗り入れて、そしてそれぞれの行き先が異なり、それぞれの電車はまた別の電車に接続し……。こうして複雑なパズルを形成するように全体のダイヤが構成される。

ダイヤが複雑になると、1本の電車の遅延が広範囲に影響する。ある孤立した路線を行ったり来たりしている電車が遅延しても、遅延するのはその路線だけですむが、都会の電車は多くの路線が複雑に絡み合っているので、一本一本の路線は巨大なネットワークの一部でしかない。

そのため悪天候などになるとあっさり相互乗り入れを中止するというのも特徴である。大雨、降雪、強風になると、「現在千代田線は小田急線との直通運転を中止しています」などといった表示をよく目にする。物理的に相互乗り入れを行えないのではなく、遅延（多くの場合は地上を走る側）が予想される場合、その影響が他線に及ぶのを防ぐために、敢えて乗り入れを事前に中止してしまう。これは会社間の相互乗り入れに限った話ではなく、JRでも降雪時などは、真っ先に湘南新宿ラインなど、複数の線区にわたって運転されている路線が運休になる。

こういった相互乗り入れの中止も線区によって利用者への影響は異なる。たとえば、千代田線が小田急線への乗り入れを中止しても、利用者に大きな混乱はない。千代田線は代々木上原で終点、そのまま小田急線に乗り入れるはずだった乗客は、向かい側のホームに新宿からやってくる電車に乗り換えればいいだけだ。有楽町線が東上線への乗り入れを中止しても同じで、和光市で向かい側の電車に乗り換えればいい。

ところが、有楽町線や副都心線が西武池袋線への乗り入れを中止すると、けっこう不便である。この場合、池袋駅や電車車内では「小竹向原《こたけむかいはら》まで行っても西武線への列車はありません。池袋駅で西武池袋線へお乗り換えください」と放送する。そればかりか、西武有楽町線しか通らない新桜台駅は陸の孤島となる。

西武有楽町線同様のケースで影響が大きいのが半蔵門線と伊勢崎線の相互乗り入れが中止された場合だ。半蔵門線と伊勢崎線の接点である曳舟駅には折り返し設備がないため、相互乗り入れが中止されると半蔵門線は押上で折り返しとなり、半蔵門線はあとひと駅というところで伊勢崎線に接続されなくなる。この場合、半蔵門線から伊勢崎線方面への乗客は半蔵門線を大手町で下車、千代田線で北千住へ行き、そこで伊勢崎線に乗り換えるよう誘導される。仮に錦糸町を出て、次は押上という場面で相互乗り入れが中止された場合でも、大手町まで戻って千代田線を利用するよう誘導される。たったひと駅のことだが、相互乗り入れが中止されると不便を強いられる路線だ。

同じ半蔵門線でも田園都市線との接点は渋谷で、渋谷は半蔵門線の終点でもあり、田園都市線の起点でもあるので、こういった問題は起こらない。副都心線と東横線の相互乗り入れでは、地上にあった東横線の駅を廃止し、地下に移設したのでやはり問題は起きない。そういう意味では半蔵門線と伊勢崎線の接続部も、浅草駅を地下化して接続し、半蔵門線の終点が浅草だったら、右記のような問題は起こらなかったであろう。

理想的な相互乗り入れの都営新宿線と京王線

そもそも初期の相互乗り入れは、ターミナル駅がずばり接点になるのではなく、ターミナル駅から少し離れた駅でバイパス的に枝分かれし、ターミナル駅の混雑を緩和させるという目的があった。東横線の中目黒、伊勢崎線の北千住、中央線の中野、小田急線の代々木上原などがこれに相当する。しかしこの方法には欠点があり、たとえば小田急線でいうと、代々木上原から千代田線に乗り入れた電車の数だけ、代々木上原～新宿間の列車密度が低くなってしまう。最も都心寄りの混みそうなところで列車の本数が減ってしまうのだ。また、利用者側からすると、会社帰りにちょっと新宿で買い物、新宿で一杯、と思うと迂回経路を強いられてしまう。

そこで、地下鉄の終点がズバリ私鉄路線の始発駅となる相互乗り入れが増えてきた。半蔵門線と田園都市線が境とする渋谷駅もその例である。これなら列車密度が変わることはない。しかし、

京王電鉄は地下鉄乗り入れ以降もターミナルを残していて「理想的な相互乗り入れ」といわれる

この方法もすべての面から問題がないわけでもない。たとえば田園都市線沿線から大手町に通勤する人が、帰りに渋谷で買い物をするには便利だが、大手町から乗車した半蔵門線に座れたとして、渋谷でいったん下車、買い物をした後、再び渋谷から乗車しても座れるチャンスはまずない。

そのため渋谷を素通りする利用者が増えたといい、ターミナル駅周辺の商店会などは、鉄道会社の直通運転は人の流れを変えてしまうと懸念しているという。渋谷駅を例にすると、副都心線も東横線と相互乗り入れを行ったため、素通りする人が増えたのだ。

こういった点では、都営地下鉄新宿線と京王電鉄京王線の接点はうまくできていて、ズバリ京王線のターミナル駅である新宿を相互乗り入れの境としているものの、完全な中間駅になっておらず、新宿始発の路線も残している。都心から新宿線で京王線沿線に帰宅する利用者は、都心から通しで座って帰るもよし、あるいは新宿で下車するもよしで、新宿で下車してなおかつ座って帰宅したい場合は、始発電車に並べばいいわけである。こういう意味で新宿線と京王線の接点は「理想的」といわれる。

相互乗り入れで鉄道会社同士の競合区間が増加

東京では湘南新宿ラインの開通や、地下鉄と郊外への私鉄が多角的に相互乗り入れすることで、鉄道会社同士の競争が起こり、それが良い結果ももたらしている。たとえば、渋谷や新宿（新宿三丁目）と川越の間はJR埼京線でも行けるし、東京地下鉄副都心線から東武鉄道東上線というルートでも乗り換えはない。池袋や新宿と横浜の間もJR湘南新宿ラインでも行けるし、東京地下鉄副都心線から東京急行電鉄東横線というルートでも乗り換えはない。

かつて東京の鉄道路線は、山手線各駅のターミナル駅から放射状に運行していたので、鉄道会社同士が接近して競合することは少なかった。強いていえば東海道本線と京浜急行電鉄、中央本線と京王線などであった。しかし、地下鉄と私鉄、またJRのさまざまな路線同士が直通運転を行うことで、需要の多い2地点間に複数の鉄道会社が競合する例は多くなった。

ライバルの登場で東横線は所要時間が短縮された

競合することによって所要時間を競うようになっていて、湘南新宿ラインの開通で、競合する東京急行電鉄東横線はかなり速くなったと感じる。湘南新宿ライン開通は平成13年（2001）、同じ年に東横線に特急が登場している。それまでの東横線に特急はなく急行しかなかった。私は以前、東京急行電鉄沿線に住んでいた経験があり、東京急行電鉄は運賃が安く「いい私鉄」とは思っていたが、「電車が速い」という感覚はなかった。同じ関東の私鉄でもJRと競合していた京浜急行電鉄や京王電鉄はスピードが速く、羨ましくも思えた。

かつては東横線の昼間のダイヤは各駅停車が2本か3本運転されては急行列車が1本あり、渋谷を先に出た各駅停車が終点まで先に着くというケースも多かった。当時、関西の私鉄では急行や特急が、先発した各停より先に終点に着くというダイヤが当たり前だったので、関西から来た友人から、「これじゃ急行の意味ないね」と言われた記憶がある。

ところが現在の東横線は、特急、急行、各駅停車とあり、特急、各停、急行、各停のサイクルで運転し、早朝・深夜以外に終着まで先行する各駅停車はなくなっている。その特急列車も多くは川越市や飯能から直通運転を行っていて、「速い」と感じるようになった。湘南新宿ラインという競合路線があることによる影響である。

このように、競合路線ができることで、東横線に特急が走り、地下鉄や他の私鉄との相互乗り入れで、全体的な所要時間も短縮される。すると、この章の冒頭に述べた、鉄道会社が「ダイヤ通りの運行」にこだわり、「常に急いでいる」ように思われる理由が何となく見えてくる。副都心線は、東京地下鉄線内では初めての急行が運転されていて、東新宿では地下に待避線があり、急行はここで必ず先行の各駅停車を抜くダイヤになっている。その急行が東横線内では特急となり、速達性を意識したダイヤであることがわかる。東京地下鉄では東西線でも快速が運転されていて、葛西《かさい》や妙典《みょうでん》などで各駅停車が快速を待避するが、地下線内に待避線があるのは新宿線の岩本町のほかは、副都心線だけである。

相互乗り入れするからには運命共同体でやってほしい

複雑に入り組んだ東京の都市鉄道は、複数の鉄道会社が相互乗り入れすることで、ＪＲは複数の線区をまたいで直通運転することで、さまざまな都市間に直通列車を走らせ、複数の路線でスピードを競っている。通勤時間の短縮は誰もが願っているもので、少しでも早い線区に乗客は流れるという。通勤客は旅行需要と違って、毎日のことなので収益に大きく影響する。鉄道会社も力が入るであろう。

一方で、複数の鉄道会社が相互乗り入れを行っているものの、荒天時などは相互乗り入れを中止して、ダイヤの乱れが他社に及ばないようにしていることも前述した。他社に迷惑をかけるというのは何としても避けたいとの思いを感じる。

しかし、この傾向にも思うことがある。複数の線区、複数の鉄道会社が相互乗り入れを行う場合、それらの線区、鉄道会社は、いわば運命共同体と考えるべきであろう。ダイヤが乱れた場合に「他社に影響を及ぼさないように」というのも、おそらく鉄道会社側からすれば、他社のダイヤに影響を及ぼすと「多くの人に迷惑がかかる」というのだろうが、しょせんは鉄道会社側の都合であって、相互乗り入れを行うからには、元々ひとつの路線として一体だったと思えるくらいの運行を行ってほしいと感じる。つまり、東京地下鉄有楽町線と東武鉄道東上線は和光市を境に区切られているが、少なくとも東上線が複々線の部分（志木まで）に関しては有楽町線と一体と考えるべきであろう。

私も何度かダイヤの乱れた電車に遭遇したことがあるが、たいていはせっかく座っていた電車が途中で運転打ち切りになり、後続の混んだ電車に乗り換えさせられる。大幅に遅れた電車を途中で運転打ち切りにしたことで、ダイヤの回復は早くなるだろうが、そこに乗っている乗客は全然嬉しくないのである。

相互乗り入れすることで、それまで乗り換えが必要だった区間が乗り換えなしになるのだが、疑問に思っていることがある。それは車内に掲げてある路線図で、相互乗り入れが始まっても何ら変わりなく、従来のものが掲げてあるということだ。たとえば、東京地下鉄半蔵門線と東京急行電鉄、東武鉄道の3社が相互乗り入れし、それぞれの車両が神奈川県から東京を通り抜けて埼玉県に達するものの、東京急行電鉄車両には自社と乗り入れ区間、東武鉄道車両にも自社と乗り入れ区間の路線図があるだけである。半蔵門線を利用し、たまたま東武鉄道車両が来ると、そこには東京地下鉄の全路線図はない。

相互乗り入れ区間では各社申し合わせたように、路線図は統一されていないので「これでいい」

ということがスタンダードになっているようだが、こんなおかしなことはないと思う。日本の鉄道は「かゆいところまで手が届く」サービスが特長であるはずで、改善が望まれる。

以前、東京地下鉄日比谷線が東京急行電鉄と東武鉄道両社と相互直通運転を行っていた頃は、東京急行電鉄車両は日比谷線には乗り入れるが東武鉄道にまでは乗り入れず、東武鉄道車両も日比谷線には乗り入れるが東京急行電鉄にまでは乗り入れなかった。しかし、現在の首都圏の相互乗り入れは、各社の車両で端から端まで運行するので、路線図も統一するのが当然だと思われる。

第2章 住む場所によって変わる交通費

私のマイホーム選び

日本の都市鉄道の大きな問題のひとつに運賃の高さがある。もっと正確に言うなら、個々の鉄道会社の運賃はそれほど高くなくても、実際は多くの鉄道会社を使わなければならないので「交通費が高くなる」と言っておこうか。

ここで私事になるが、私のマイホーム購入時の過程を披露したい。私は以前、会社勤めをしていた時期があり、その頃は東京急行電鉄沿線に住んでいた。東京急行電鉄は大手私鉄各社の中で運賃が安く、親しみの持てる私鉄であった。当時、初乗りは、同じ大手私鉄の小田急電鉄や西武鉄道などに比べて20円ほど安く、以降の運賃の上がり方も緩やかであった。

ところが、その後、私は会社勤めをやめ、現在のライターの仕事を始めるが、そこで疑問を感じるようになった。フリーの仕事となると、仕事先はさまざまな場所になる。日比谷だったり、新宿だったり、神保町だったりと多岐にわたる。すると、いくら東京急行電鉄の運賃が安いといっても、目的地へ行くにはＪＲや地下鉄に乗り換えねばならず、初乗りを最低２回払わねばならないということだった。フリーの身だと会社から通勤手当が支給されるわけではなく、深刻な問題である。

そこで、マイホーム購入にあたっては、東京地下鉄（当時の営団地下鉄）沿線に住めば、仕事先のどこへ行くにも、初乗り運賃は1回ですむと考えたのである。東京急行電鉄は初乗り運賃が安く、地下鉄の初乗りは高かったが、トータルでは自宅から目的地に1社の鉄道会社で行けたほうが得だと考えたのである。

ということで、私のマイホーム探しは、池袋の不動産屋に「営団地下鉄沿線で探してください」というお願いになった。なぜ池袋だったかというと、地下鉄沿線では有楽町線沿線が最も手頃な物件がある可能性が高いと考えたからである。地下鉄沿線といっても、私は麻布や六本木など、山手線の内側に住めるような身分ではない。すると地下鉄沿線で比較的手頃な物件がありそうなのは有楽町線沿線、東西線沿線などである。

こうして私は約1年にわたって物件探しを行い、かなりのマンションを見た。池袋、要町《かなめちょう》、小竹向原、氷川台《ひかわだい》、成増《なります》、方南町、南千住、北千住、綾瀬、錦糸町などの物件を見せてもらった。

当初は不動産屋にこちらの意図が伝わらず苦労もした。たとえば登戸や亀有といった駅周辺の物件も紹介された。不動産屋に言わせると、これらの駅も地下鉄が乗り入れているので「地下鉄沿線」だというのである。しかし、これらの地では電車は地下鉄に乗り入れていても、都心への運賃は私鉄やJR＋地下鉄分になるので、当然こちらの希望ではない。

当時の半蔵門線は水天宮前止まり、錦糸町というのは、半蔵門線開通を前提に物件を見学した。こうして我々は、当初の目論見通り有楽町線沿線にマイホームを購入することができた。すでに現在のマンションに入居して15年以上が経つが、このマンションを選んでよかったと思っているし、環境としては東京急行電鉄沿線のほうが気に入っているのだが、東京地下鉄沿線に住んでよかったと思っている。

今思えば、私の勝手な希望に誠心誠意応え、物件を探してくれた池袋の不動産屋の担当者に感謝している。おそらく変わった希望の客だったに違いない。何度か高島平周辺の物件を紹介され「都営地下鉄じゃいけないんですか?」と言われたものである。しかし、住む場所の交通費というのは大切である。

地下鉄に乗り入れる高額運賃路線

前項では恥ずかしながら、自分のマイホーム購入時のことを披露させてもらった。しかし、交通費が会社から支給されるサラリーマンはいいとしても、そうでない私のような自営業の場合、どういった交通機関の沿線に住むかということは大切で、その交通機関をずっと使い続けるわけである。

そういう観点から考えると、できれば避けたいのは、たとえば千葉県の北総鉄道沿線などである。北総鉄道は京成電鉄を介して東京都営地下鉄浅草線に乗り入れており、都心部へのアクセスとしては便利であるほか、羽田空港と成田空港を結ぶ途上にあるので、どちらの空港に行くとしても交通アクセスはよい。ところがこの北総鉄道は運賃が高いことで有名である。どのくらい高いかというと、北総鉄道に10キロ乗車するとその運賃は５００円となる。10キロの運賃は、ＪＲ東日本の電車特定区間は１７０円、北総鉄道が乗り入れる京成電鉄は１９０円、一般に割高といわれる東京都営地下鉄でも２７０円なので、10キロ５００円は通勤に利用する鉄道としてはべらぼうに高い。

北総鉄道は全線乗ると32・３キロあり、その運賃は８１０円となる。北総鉄道は京成電鉄を介して東京都営地下鉄浅草線に乗り入れており、日本橋に直通できるが、日本橋から北総鉄道の終点・印旛日本医大までは44・５キロ、運賃は１１８０円になる。しかし、これでも各社の運賃を合算した額よりも70円割り引かれている。たとえば、新宿～京王八王子間は37・９キロに対し、運賃が３６０円なので、同じ東京近郊といえども、住む場所によって交通費の負担は大きく異なる。かつて北総鉄道沿線では「財布を落としても、定期は絶対に落とすな」とも言われたが、考えただけでもぞっとする（現在はＩＣ定期券になったことからこの問題は解消）。

北総鉄道沿線で中心となる駅は千葉ニュータウン中央で、不動産広告などには「都心（日本橋）に乗り換えなし40分！」などのキャッチコピーを目にするが、住んだ後の交通費が高いので要注意である。旦那の通勤費用は会社負担としても、子供が北総鉄道に乗って学校に通うなどということになったら家計をかなり圧迫する。こんなことから沿線住民はバスをチャーターして、運賃の安い新京成電鉄の駅まで運行するという試みも行われている。元々この土地に住んでいたのであれば、鉄道運賃が高くても、それまではその鉄道がなかったのだから仕方ないと思うが、北総鉄道の運賃の高さを知らずに、この沿線に引っ越してきた人がいるとすれば大変である。北総鉄道の運賃が高いということを事前に知っていれば、現在、バスをチャーターしたりしている人たちは、おそらく物件購入を見合わせたかもしれず、やはり住む場所とそこを通る鉄道運賃は事前によく調査するべきだと感じる。

北総鉄道は京成電鉄と千葉県、松戸市、市川市など、北総鉄道が通る沿線自治体が出資する第三セクター鉄道である。「第三セクター鉄道」というと、旧国鉄やＪＲが切り捨てた地方ローカル線を思い浮かべるが、意外にも大都市近郊にも多く存在する。なぜ運賃が高いかというと、全線開通したのは平成7年（１９９５）、工事が進んだのがバブル期の金利や建築費が高い時期だったということがある。さらに、千葉ニュータウンは当初見込みより入居者が少なく、利用者が伸び

北総鉄道は通勤路線としては極めて運賃が高い

悩んでいるのも大きな原因である。住民が少ないため、駅によってはたった1軒のスーパーマーケットが撤退したところもある。

北総鉄道は京成線や東京都営地下鉄浅草線に乗り入れているが、接点である京成高砂《たかさご》から北総鉄道線内に乗り入れると乗客はガクッと減る。昼間は閑古鳥が鳴く状態だ。現在はこの路線を成田空港へ向かう「スカイライナー」や「アクセス特急」が走るが、私自身もこの線を利用する場合は京成株主優待券を利用していて（この路線を通り抜けるだけなら京成の株主優待券が利用できる）、それ以外の切符で乗った記憶がほとんどない。

運賃の高い都心直結路線は他にもあり、東京地下鉄東西線と相互乗り入れする東葉高速鉄道、東京地下鉄南北線と相互乗り入れする埼玉高速鉄道が挙げられる。東葉高速鉄道10キロの運賃は510円と、北総鉄道よりさらに高い。埼玉高速鉄道10キロの運賃は390円だが、初乗りは地下鉄としては京都市営地下鉄とともに日本で最も高い210円で、初乗りで比べると、200円の北総鉄道よりさらに高い。ともに、運賃が比較的安い東京地下鉄と相互乗り入れするので、境界になる駅の前後で運賃のギャップが激しく、それを反映してか、それぞれの境界駅である西船橋、赤羽岩淵を過ぎると乗客がぐっと減る。

ともに第三セクター鉄道で、東葉高速鉄道は千葉県、船橋市、八千代市、東京地下鉄など、埼玉高速鉄道は埼玉県、さいたま市、川口市、東京地下鉄などが出資する。両線とも建設時期がバブル期だったこともあり、建設費やその金利が高くついているというのが、運賃が高額な理由のひとつであり、その後は利用者低迷という悪循環がある。埼玉高速鉄道では、長野県のしなの鉄道再建に尽力した社長を迎えるなど、利用者増に努力しているが、運賃が割高なことに変わりはなく、抜本的な改善が必要に思われる。

なぜ東京地下鉄と都営地下鉄の2事業者が存在するのか

初乗り運賃で比べても、10キロ当たりの運賃で比べても、北総鉄道より東葉高速鉄道のほうが高いのだが、「運賃が高い鉄道」として認知度が高いのは北総鉄道である。その理由として、その鉄道が都心に乗り入れる際の経路の違いがある。東葉高速鉄道は西船橋で東西線に乗り入れて都心に直通するが、北総鉄道は京成電鉄、東京都営地下鉄を経て都心に乗り入れるため、北総鉄道沿線からは、運賃が高い北総鉄道を含む3社の初乗りが合算されるので、それが実質的な運賃を押し上げている。

この「会社が変わるから運賃もそこでもう一度初乗りを払う」という仕組みにも問題がありそうだ。車両は相互乗り入れしているものの、運賃は乗り換えていた時と変わらない。地下鉄と私鉄など、素性の異なる会社同士で、もう一度初乗り運賃を払うというのはわからないでもないが、最もおかしな運賃体系となっているのが東京地下鉄と東京都営地下鉄ではないだろうか。双方を乗り継ぐと乗り継ぎ割引があるものの、運賃体系は別、乗り継ぐと運賃は割高になるし、途中に改札があるなど不便である。東京地下鉄と東京都営地下鉄では、車内に掲示されている路線図なども異なり、利用者にとってはマイナス面ばかりである。

ではなぜ、同じ都市に地下鉄を運行する事業者が複数存在するのだろうか。その理由も知りたくなる。すると、太平洋戦争の傷跡ともいえることが関わっている。東京最初の地下鉄開業は銀座線で昭和2年（1927）、2番目に開通した丸ノ内線は昭和29年（1954）、その間27年も新しい地下鉄は開業していない。しかしその間、地下鉄の建設計画がなかったわけではない。そ

大江戸線は開業時、12号線と呼ばれていた

れどころか、現在東京を走る地下鉄網の計画は、多くが銀座線開通以前に出来上がっていた。ところが当時の日本は戦争へと突き進み、地下鉄工事どころではなかったのである。

銀座線は東京地下鉄道と東京高速鉄道という民間企業の手によって開通し、昭和16年（1941）に特殊法人の帝都高速度交通営団が発足し、その後の東京の地下鉄を運行することになる。

昭和20年（1945）に終戦となり、中断していた地下鉄工事再開となった。滞っていた計画路線の完成が急務となったが、帝都高速度交通営団一事業者で行うには限界があった。そこで計画されていたうちの何本かを東京都が建設することになった。東京都が手助けする格好である。それが浅草線であり、三田線であり、新宿線なのだ。つまり太平洋戦争での工事中断時期がなければ、東京都の地下鉄は一事業者が行っていたことになる。東京都が地下鉄運営に携わる意味はとっくになくなっているので、早い時期の統一を願いたいところだ。

当初計画では地下鉄には何号線という名称があり、浅草線（1号線）、日比谷線（2号線）、銀座線（3号線）、丸ノ内線（4号線）、東西線（5号線）、三田線（6号線）、南北線（7号線）、有楽町線（8号線）、千代田線（9号線）、新宿線（10号線）、半蔵門線（11号線）、大江戸線（12号線）、副都心線（13号線）であった。たとえば浅草線は以前「都営1号線」、三田線は「都営6号線」、大江戸線もぐるりと回る路線になる以前は「都営12号線」と呼んでいたのをご記憶の方も多いのではないだろうか。

初乗り運賃が安いＪＲはその後運賃がどんどん上がる

鉄道運賃は一般的には、ある目的地に向かうのに複数の鉄道会社を利用すると、初乗りを複数払うことになって高くなる。たとえば東京地下鉄有楽町線和光市から、同じく東京地下鉄東西線西船橋までを移動すると、その距離は39・2キロに達し、埼玉から東京へ、東京を横断して千葉へと2回も県境を越える。しかし運賃はこの間は1社で完結しているので３１０円と高くない。

一方、同じ有楽町線の要町からひと駅東の池袋に行き、そこから東武東上線のひと駅北の北池袋まで乗ると、距離の合計は２・４キロに過ぎないが運賃は乗り継ぎ割引適用でも３００円となる。先日、ＪＲ山手線新大久保駅近くで飲み会があったが、前述のように私の自宅は東京地下鉄有楽町線沿線にある。有楽町線で池袋に出て山手線に乗り換えるのが新大久保への王道ルートだが、店の場所を確認すると副都心線東新宿からも徒歩圏であることがわかり、私は山手線を使わなかった。都市の鉄道をうまく利用するには、なるべく単独の鉄道会社で完結することが大事である。

ところが、この法則に固執すると思いもよらぬことになる。そこで別表（56～59ページ）を見てもらおう。別表1は日本の鉄道各社を10キロ乗車した場合の運賃、別表2は日本の鉄道各社を40キロ乗車した場合の運賃である。すると、10キロ乗車した場合の運賃で比較すると、JR各社、大手私鉄などが運賃の優等生となるが、40キロ乗車した場合の運賃では、運賃が安いのは圧倒的に大手私鉄で、ＪＲの運賃はかなり高い部類に入ってしまう。ＪＲの運賃は初乗りが安いものの、その後の運賃の上がり方が大きい。そのため、比較的長い距離を移動する場合は、私鉄と地下鉄など複数社にまたがっても、ＪＲ1社を使うより運賃が安くなるケースは多い。

新宿から横浜まではＪＲが５５０円であるのに対し、東京地下鉄と東京急行電鉄東横線の組み合わせで４４０円。新宿から川越まではＪＲで７６０円、東京地下鉄と東武鉄道東上線の組み合わせで５５０円。東京から成田まではＪＲで１１４０円、日本橋から京成成田まで東京都営地下鉄と京成電鉄の組み合わせで１０００円などである。ただし、ＪＲの運賃は定期運賃での割引率が高いので、同じ区間でも１回の切符を購入した場合と定期乗車券の場合では、運賃額の優劣が逆転する場合もある。

このように同じ区間でも１回乗り継ぐことで安くなるケースは多い。現在はインターネットの経路検索サイトなどで「安い順」として検索すれば簡単に運賃比較できるので、普段利用している区間も、念のためさまざまな経路での運賃を確認しておくといい。意外にも、今まで「最も安い行き方」と思っていた方法よりも、さらに安い経路があるかもしれない。

［別表1］ **10キロ当たりの運賃表**

運賃	鉄道会社
150円	熊本市交通局（均一運賃）
160円	広島電鉄市内線（均一運賃）
170円	JR東日本（電車特定区間）、JR西日本（電車特定区間）、東京都交通局荒川線（均一運賃）、鹿児島市交通局（均一運賃）、広島電鉄宮島線
180円	京王電鉄（相模原線が含まれる場合は加算運賃あり）
190円	京成電鉄（成田空港線、千原線が含まれる場合は別運賃）
200円	JR東日本（幹線）、JR東海（幹線）、JR西日本（幹線）、京浜急行電鉄（羽田空港発着は加算運賃あり）、東武鉄道、東京急行電鉄、東京地下鉄、相模鉄道（いずみ線が含まれる場合は加算運賃あり）、新京成電鉄、阪堺電気軌道（均一運賃）
210円	JR東日本（地方交通線）、JR東海（地方交通線）、JR西日本（地方交通線）、西武鉄道
220円	JR北海道（幹線）、JR四国（幹線）、小田急電鉄、阪急電鉄
230円	JR北海道（地方交通線）、JR四国（地方交通線）、JR九州（幹線）、北越急行
240円	阪神電気鉄道、京阪電気鉄道大津線（京津線、石山坂本線）
250円	JR九州（地方交通線）、函館市交通局、しなの鉄道
260円	近畿日本鉄道、南海電気鉄道、青い森鉄道、鹿島臨海鉄道、名古屋臨海高速鉄道、泉北高速鉄道
270円	京阪電気鉄道、西日本鉄道貝塚線、東京都交通局（地下鉄）、横浜市交通局、名古屋市交通局、神戸市交通局、伊豆箱根鉄道
280円	大阪市交通局、肥薩おれんじ鉄道、静岡鉄道
290円	札幌市交通局（地下鉄）、西日本鉄道大牟田線系統、京都市交通局、北近畿タンゴ鉄道、遠州鉄道、能勢電鉄
300円	名古屋鉄道、福岡市交通局、伊勢鉄道、江ノ島電鉄、伊賀鉄道、山陽電気鉄道
310円	IGRいわて銀河鉄道、横浜シーサイドライン、豊橋鉄道渥美線、三岐鉄道、養老鉄道
320円	明知鉄道、若桜鉄道、甘木鉄道、埼玉新都市交通、水島臨海鉄道

運賃	鉄道会社
330円	仙台市交通局、東京都交通局（日暮里・舎人ライナー）、真岡鐵道、愛知環状鉄道、土佐くろしお鉄道中村・宿毛線、くま川鉄道、沖縄都市モノレール、首都圏新都市鉄道（つくばエクスプレス）、和歌山電鐵、筑豊電気鉄道
340円	京成電鉄千原線、東京モノレール、南阿蘇鉄道、福井鉄道
350円	万葉線、北条鉄道、松浦鉄道、高松琴平電気鉄道
360円	わたらせ渓谷鐵道、のと鉄道、智頭急行、錦川鉄道、平成筑豊鉄道、多摩都市モノレール、岳南電車、広島高速交通
370円	秋田内陸縦貫鉄道、熊本電気鉄道、福島交通、北陸鉄道、大阪高速鉄道（大阪モノレール）
380円	ひたちなか海浜鉄道、ゆりかもめ、樽見鉄道、秩父鉄道
390円	由利高原鉄道、三陸鉄道、山形鉄道、阿武隈急行、埼玉高速鉄道、えちぜん鉄道、弘南鉄道、東京臨海高速鉄道、長野電鉄、神戸電鉄、島原鉄道
400円	いすみ鉄道、長野電鉄、信楽高原鐵道、土佐くろしお鉄道ごめん・なはり線
410円	会津鉄道、天竜浜名湖鉄道、小湊鐵道、伊豆急行、近江鉄道、一畑電車、伊予鉄道郊外線
420円	井原鉄道、関東鉄道、叡山電鉄
430円	千葉都市モノレール
440円	上毛電気鉄道、箱根登山鉄道（電車）、東海交通事業
450円	津軽鉄道
460円	長良川鉄道、富士急行、大井川鐵道本線、とさでん交通
480円	上信電鉄
490円	上田電鉄、アルピコ交通
500円	北総鉄道
510円	野岩鉄道、東葉高速鉄道、大井川鐵道井川線
520円	京成電鉄（成田空港線）、富山地方鉄道

※営業距離で10キロ以上の区間がある鉄道会社のみ掲載
※運賃額は切符（磁気式）を購入した場合（特定区間があるので必ずしも距離と運賃は一致しない場合あり）

［別表２］40キロ当たりの運賃表

運　賃	鉄　道　会　社
310円	東京地下鉄
360円	京王電鉄（相模原線が含まれる場合は加算運賃あり）
370円	東京急行電鉄、阪急電鉄
390円	京阪電気鉄道
430円	東京都交通局（地下鉄）
440円	西武鉄道
460円	小田急電鉄
490円	京浜急行電鉄（羽田空港発着は加算運賃あり）
520円	東武鉄道、横浜市交通局
540円	京成電鉄（成田空港線と千原線が含まれる場合は別運賃）
620円	近畿日本鉄道、西日本鉄道
640円	JR東日本（電車特定区間）、JR西日本（電車特定区間）
660円	名古屋鉄道、高松琴平電気鉄道
670円	JR東日本（幹線）、JR東海（幹線）、JR西日本（幹線）
680円	神戸電鉄
690円	南海電気鉄道、養老鉄道
730円	山陽電気鉄道
740円	JR北海道（幹線）、JR九州（幹線）
760円	JR東日本（地方交通線）、JR東海（地方交通線）、JR西日本（地方交通線）、JR四国（幹線）、北越急行
770円	愛知環状鉄道
820円	秩父鉄道
840円	JR北海道（地方交通線）、JR九州（地方交通線）、阿武隈急行
850円	JR四国（地方交通線）
870円	しなの鉄道

運　賃	鉄　道　会　社
880円	首都圏新都市鉄道（つくばエクスプレス）
900円	えちぜん鉄道、北近畿タンゴ鉄道
910円	京成電鉄（成田空港線）
920円	平成筑豊鉄道
950円	秋田内陸縦貫鉄道、近江鉄道
980円	真岡鐵道、土佐くろしお鉄道中村・宿毛線
990円	智頭急行
1000円	天竜浜名湖鉄道、肥薩おれんじ鉄道
1010円	井原鉄道
1040円	鹿島臨海鉄道
1050円	わたらせ渓谷鐵道
1060円	IGRいわて銀河鉄道
1070円	土佐くろしお鉄道ごめん・なはり線
1110円	富山地方鉄道
1120円	松浦鉄道
1140円	三陸鉄道
1250円	長良川鉄道、関東鉄道
1400円	島原鉄道
1410円	小湊鐵道
1450円	伊豆急行
1470円	会津鉄道
1810円	大井川鐵道本線

※営業距離で40キロ以上の区間がある鉄道会社のみ掲載
※運賃額は切符（磁気式）を購入した場合（特定区間があるので必ずしも距離と運賃は一致しない場合あり）

座って通勤できる通勤ライナーが増加

近年の通勤事情は多様化している。かつては「座って通勤」というと、せいぜいその路線の始発から電車に乗ることくらいしか頭に浮かばなかったが、現在は乗車券に特急券やライナー券などをプラスしてでも座って通勤したいという需要が高くなっている。通勤はレジャーと違って毎日のことなので、鉄道会社としても安定した収入になるのか、力を入れている。

たとえば、小田急電鉄のロマンスカーといえば、箱根観光のための列車と考えがちだが、実は座って通勤する列車の役割も大きい。ロマンスカーは以前から前面展望が楽しめる車両だったが、3000形には展望席がなく、おもに通勤特急という使命から誕生している。地下鉄乗り入れ用60000形も千代田線に乗り入れて都心へ直通する通勤用車両である。同様に西武鉄道の「ニューレッドアロー」も秩父や川越へのレジャー列車であるが、やはり通勤特急の役割が大きい。

これらの列車は登場当初はレジャー目的に焦点が合わせられていたが、次第に通勤需要に対する役割が大きくなった。空港アクセス特急の「成田エクスプレス」や「スカイライナー」ですら、朝夕は郊外のベッドタウンに停車して通勤列車の役割を果たしている。

このように、一般にレジャー特急や空港アクセス特急に思われている列車も実は通勤の役割が

東武鉄道東上線「TJライナー」用車両は、ロングシートにすると一般列車で運行される

大きくなっている。その路線に特別な列車（特急料金の必要な列車）が運転されていなくても通勤時だけは着席券の必要な列車を運行する傾向にあり、京浜急行電鉄では、クロスシートの２１００系を使った「京急ウィング号」を、東武鉄道東上線では、座席がクロスシートにもロングシートにもなる車両を導入し、通勤時はクロスシートにして「ＴＪライナー」を、それ以外の時間帯はロングシートにして一般列車として運行している。

ＪＲでも、行楽用の特急車両が、本来の使命の前に通勤ライナーとしてひと働きし、それから本来の特急となる運用が多くなった。新宿から伊豆急行線に乗り入れ、伊豆急下田に向かう特急車両は、朝は東海道本線の上り通勤ライナーとして一日の仕事が始まり、通勤列車としての仕事を終え

東京には2階建ての「通勤ライナー」専用車両まである（JR東日本215系）

てから本来の伊豆行きの特急に変身する。伊豆急下田行きの特急列車は毎日満席というわけではなく、空いている日も多々あるが、通勤ライナーとして運転している時は満席というのが常である。

東海道本線の例でいえばライナー券は510円、ライナー券を買ってでも座って通勤したいということは、ある程度長距離を通勤している客ということになるので、乗車券と合計するとけっこう高額な通勤費用になるはずだ。東海道本線の通勤ライナーは横浜に停車せず、藤沢を出ると次は都心の駅である(2号のみ大船にも停車)。利用者は藤沢以遠に住んでいて都心の会社に通勤していることが前提となる。

ずばり通勤ライナー専用車両もあり、2階建ての215系は、平日は東海道本線の朝の上りと夕方の下りに運転し、一日にたった3往復の運用、週末は中央本線のホリデー快速となる。

特急列車自体が通勤用と化した列車も多く、常磐線の「フレッシュひたち」、高崎線の「スワローあかぎ」などは通勤ライナーと趣旨は同じ。東海道新幹線の朝の上り「こだま」なども通勤客が多く利用する。

このような傾向は全国的なもので、通勤ライナー専用車両まであるのは東京圏だけであるが、特急車両が本来の運用に入る前に、朝の通勤でひと働きという使い方は、北は札幌から南は鹿児島まである。逆に主要都市圏で、そこを拠点にする特急車両があるのに、まったく通勤に使われていないという例は少なくなった。地方の県庁所在地程度の都市でも、何らかの通勤ライナーが走る例は多くなっている。

近年は通勤高速バスも多くなった。通勤高速バスというと、千葉の木更津や君津方面から東京湾アクアラインを通って東京や川崎へ通勤するなどというルートが思い浮かぶが、このルートは鉄道が並行していないので納得のルートであろう。しかし、現在は京成バス系列や平和交通を中心に、千葉市周辺のベッドタウンから東京駅に向かう高速バスが増加している。平和交通では「マイタウンライナー」などと名付けているが、趣旨としては通勤ライナーのバス版である。

京成バスを使えば、千葉都市モノレールの終点、千城台《ちしろだい》から東京駅まで高速バスで直行できる。

満員のモノレールとJRを乗り継ぐよりはるかに楽であろう。平和交通でも、京成電鉄千原線の終点、ちはら台から東京駅までの高速バスがあり、やはり京成電鉄の千葉線、本線、さらに都営地下鉄、またはJRと乗り継ぐよりはるかに楽であろう。バスゆえに時間が読めないという欠点はあるが、荒天時やトラブルがあるとすぐに停まってしまう鉄道と比べると、意外と高速バスの運行は安定しているといえる。

　こういった通勤高速バスは、横浜や名古屋圏でも運行されている。横浜からは京浜急行バスと川崎鶴見臨港バスが、おもに川崎の工業地帯へと運行する。鉄道だと鶴見線沿線となるが、高速バスなら横浜から直行することができる。名古屋圏では岐阜県可児《かに》市などから名古屋への便が多く、名鉄バスと東濃鉄道が運行する。鉄道の場合、単線非電化のJR太多《たいた》線沿線となり、本数が少ないうえ、多治見《たじみ》で中央本線への乗り換えとなるが、高速バスなら乗り換えなしで名古屋市中心の栄《さかえ》などに直行できるのである。

第3章

ドアばかり、座席のない電車も走る通勤事情

東急田園都市線はたった5両編成!?

東京急行電鉄田園都市線沿線から東京地下鉄半蔵門線沿線に通う知人がいる。両線は直通運転しているので、会社へは1本の電車で通勤できる。一見恵まれた通勤と思いきや、彼はこんなことを言った。「田園都市線の電車は10両編成ですが、私にとっては5両編成の電車が多いんです」。10両編成の電車が実は5両編成、これはいったいどういうことか。

彼が住んでいるのは、田園都市線の終点・中央林間にほど近い駅。彼が言うには、中央林間からなら始発なので、1本見送れば座れるが、長津田《ながつた》から都心寄りは混んでいて座れる可能性はないそうだ。どうやら彼が住んでいる駅からだと、座れるか座れないかは微妙なところらしい。都心の駅までは結構な距離があるので、座れるか座れないかは大きな違いである。座れたか座れなかったかでその日一日の仕事に響くであろう。

10両編成と5両編成の話に戻るが、なぜ10両編成なのに5両なのかには理由がある。田園都市線の車両はすべてではないが、5000系の多くは、10両編成中3両が6ドア車で座席数が少なく、さらに朝の通勤時間帯は座席が収納されて1人も座れなくなる。この車両の前に並ぶというのは、座る気がない乗客ということになる。1両は弱冷房車で、彼は汗っかきだというのでこの車両は避けているという。そして1両は女性専用車でそもそも乗れない。すると10両編成の電車でも、彼が選べる車両でいうと5両編成になってしまう。毎日の通勤のことなので、彼は真剣である。

田園都市線５０００系の編成を調べてみると18編成あり、うち15編成が10両編成中4、5、8号車が6ドア車で、朝のラッシュ時は座席が収納される。2号車が弱冷房車、10号車が女性専用車である（上りの場合）。各車両の座席定員は通常の中間車が最も多く54名、ただしこの車両は3両しかなく2、6、7号車。3、9号車は通常の中間車ながら、車椅子スペースがあって、座席定員は48名。1、10号車は先頭車両なので運転台がある分座席は少なく48名である。6ドア車は、当然ながら座席収納時は座席0、それ以外の時も30名しか座れない。計算してみると、10両編成に対して座れる人数は朝のラッシュ時だと男女合わせて３５４名、そこから女性専用車の48名、弱冷房車の54名を引くと、２５２名になり、人の多さを考えると、着席は狭き門である。

彼は9号車に狙いを定めており、たまに9号車の最も10号車（女性専用車）寄りのドアの前に並んでいる女性を見ると腹が立つこともあるという。女性は9号車でも10号車でも乗車できるが、男はそうはいかない。「だったら女性は10号車の前に並んでくれればいいのに……」と思うそうだが、もっともである。というか、彼にとっては切実な思いであろう。

日中なら45分の距離がラッシュ時は54分もかかる

東京急行電鉄田園都市線は、朝のラッシュ時に混雑することで有名である。私も東京地下鉄沿線に住んでいるが、朝の時間帯に地下鉄を利用すると、駅の電光掲示板に「半蔵門線遅延。列車混雑のため」といった表示をよく目にする。トラブルがあったのではなく、いわば電車の自然渋滞である。田園都市線と東京地下鉄半蔵門線は相互直通運転を行っているので、同じ路線と考えていい。

なぜ電車が自然渋滞するのか？　田園都市線の場合、渋谷駅での乗降に時間を要する。渋谷駅は田園都市線と半蔵門線の接点であるうえ、東急東横線、東京地下鉄銀座線・副都心線、ＪＲ山手線・埼京線・湘南新宿ライン、京王井の頭線との接続駅でもある。多くの乗降客がいるが、ホームや階段が狭く、スムーズな乗り換えができない。ホームは1面で、そこに上下線の電車が停車し、ともに20メートル車の10両編成、満員の乗客が吐き出されるのだからホームは大混雑する。朝7時台に長津田を出る上り電車は27本あり、ほぼ2分間隔で10両編成の電車が運転される。まさに人の波である。

渋谷駅での乗降に時間を要し、それが電車の遅延につながり、田園都市線のラッシュ時上り電

東京急行電鉄田園都市線の6ドア車

車はダンゴ状態となり、ノロノロ運転となる。長津田〜渋谷間は昼間の各駅停車なら、時刻表上の所要時間は約45分だが、朝のラッシュ時は54分となる。徐行の続く満員電車に乗っている通勤客はさぞ大変であろう。すると少しでも所要時間が短くなる準急に殺到するので、準急列車で比べると、田園都市線の混雑度は日本一ともいわれている。田園都市線では昼間は急行があるが、朝のラッシュ時に急行はなく、二子玉川《ふたこたまがわ》〜渋谷間を各駅に停まる準急となる。混雑度が激しいため、ラッシュ時は速達性より、多くの乗客をさばくことに専念している。

こんなことから、田園都市線では、朝の混雑する時間帯の上り列車に、6ドア車両を3両組み込んだ編成を集中的に運用している。田園都市線と相互乗り入れを行う東京地下鉄半蔵門線と東武伊勢崎《いせさき》・日光線には6ドア車両はない。6ドア車両を1編成に3両も組み込んでいる列車は日本広しといえども、田園都市線車両だけで、いかにこの路線の混雑が激しいかを物語っている。6ドア車両が4、5、8号車に組み込まれているのにも理由があり、この位置が渋谷駅での出口階段に近く、混雑する車両なのである。

では、混雑度がもっと激しくなったら、6ドア車両の比率はもっと高くなるのだろうか？ 考えられないことではないが、現在の車両では6ドア車両は10両編成中3両が限度と思われる。5000系は10両編成中5両が中間電動車、2両が制御車、3両が中間付随車で、その3両の中間付随車を6ドア車に充てている。ドアが片側6カ所もあると、開口部が大きく、その分、車体強度が低くなるため、床下に重い電気機器がぶら下がっている電動車を6ドア車両にすることは難しいからだ。しかし、現在の5000系は、基本設計を変更しないで、できる限り6ドア車両を組み込んでいるということもできる。

この先、混雑が切羽詰《せっぱ》まったとしたら、ラッシュ時対策を第一義にした車両として、全車両を6ドアにした車両を開発することだって考えられないことはない。電気機器などは編成全体で分散配置するなどすれば、6ドア車の10両編成は技術的に不可能ではないと思う。しかし、そうなると朝のラッシュ時は10両編成に座席がまったくない列車が出現してしまう。何とか6ドア車は編成中３両でとどまってほしいと願うばかりである。

東急田園都市線といえば、一時期トレンディードラマの舞台になるなど、お洒落な住宅地として知られ、現在でも憧れの街が沿線に多くある路線である。しかし、通勤という面から考えると、日本でも一、二を争う過酷な路線である。

東京急行電鉄では、田園都市線の東京地下鉄半蔵門線乗り入れに続き、目黒線（以前は目黒と蒲田を結んでいた目蒲線）の東京地下鉄南北線、東京都営地下鉄三田線乗り入れ、大井町線の溝の口（田園都市線）への延長や急行列車の運転、そして東横線の副都心線への乗り入れと大きな事業が続いたが、目黒線、大井町線、東横線の改良、これらすべては田園都市線の混雑緩和という目的が大きかった。田園都市線に集中する乗客を少しでも他線に散らそうとした結果なのである。

6ドア車両を初めて採用したのは山手線だった

それにしても、20メートル車両にドアが片側6カ所もあり、座席はわずか30人分しかなく、その数少ない座席も混雑時は収納されて使えないというのは何とも殺伐とした車両である。とても豊かな国の鉄道車両には思えないし、世界を見渡してもこのような車両は例がない。

それでは田園都市線以外でも6ドア車両はあるのだろうか。答えはあるともいえるし、なくな

以前あった山手線の6ドア車両はホームドア設置で姿を消した

る方向ともいえる。「なくなる方向」というと、混雑度が和らいでいるのかとも思えるがそうではない。
ここで6ドア車の歴史を繙《ひもと》いてみよう。最初に6ドア車を導入したのはJR山手線で平成3年（1991）のこと。乗車時間がかかることで列車遅延が発生するが、その遅延による混雑を緩和するために導入された。それまでの山手線は10両編成だったが、11両に増結され、増結する1両を座席収納式の6ドア車として組み込んだ。
当時はまだ、座席が収納式で、ラッシュ時は立席ばかり、片側6カ所のドアばかりの車両は、鉄道会社としても抵抗があったのだと思う。しかし、山手線の場合、10両編成を11両に増結するタイミングだったことから、それまでの10両分の座席は確保されていて、混雑緩和のためにもう1両増結する車両を、座席収納式にするということで、いわばサービス向上という大義名分があった。６ドア車は最も混雑する10号車に組み込まれた。

混雑緩和と同時に、６ドア車の開発は、車体の開口部が増えるので、強度上の難しさがあったと思われる。ステンレス製だったことから実現したのだろうが、「混雑緩和のためにドアを現状よりも増やすことは技術的に可能」という証の車両であった。

６ドア車は、登場当時、混雑緩和の切り札であると同時に、ラッシュ時に座席が収納されることから、そもそも座ることができない車両とテレビなどで報道された。ちなみに、山手線ではこのラッシュ時座席収納は平成22年（２０１０）に終了し、それ以降は座席収納されることはなくなっている。平成20年（２００８）に東京地下鉄副都心線が開業し、山手線の混雑がいくぶん改善されたのである。

ＪＲでは6ドア車がホームドア設置で急速に減少

山手線では10両編成から11両編成に増結するタイミングで6ドア車が導入され、山手線での運行実績から、６ドア車は一定の評価を得たのか、ＪＲの他線にも運転区間は拡大する。山手線では11両編成中１両だった6ドア車は２両に増やされ、京浜東北線、中央・総武緩行線、横浜線、

横浜線の6ドア車も新型車両置き換えで姿を消した

埼京線でも6ドア車を運行、または運行されていた時期がある。6ドア車の運行は、混雑度のバロメーターでもあった。しかし、その後は、これらのうち中央・総武緩行線を除いて6ドア車は消えている。

平成27年(2015)3月に予定されている上野東京ラインの開通で、山手線の混雑率が下がる見込みが立ったほか、ホームドアやホーム柵(以下ホームドア)の設置が急務となったことがその理由だろう。ホームドアを設置するためには、ドア間隔を統一する必要があり、6ドア車はホームドアに適さなかったのである。京浜東北線にはホームドアはないものの、山手線と並走する区間では線路メンテナンス時は山手線の線路を運転するので、ホームドア対応として6ドア車が廃止された。埼京線、横浜線でも新型車両への置き換えの際に、6ドア車の導入は見送られている。おそらく将来のホームドア設置を見越した対応であろう。

このようなことから、６ドア車は一時期各線に波及する勢いだったものの、急速にその役目を終えて短命で廃車になっている。短命で廃車になっているのも６ドア車の特徴である。たとえば、京浜東北線でも２０９系時代に６ドア車両が組み込まれていた。２０９系は京浜東北線から引退し、現在は地方路線用に座席の一部クロスシート化、トイレ設置などの改良を受けて外房線、内房線、成田線、東金《とうがね》線、総武本線の千葉以東などで運行しているが、６ドア車は改造されることなく廃車となった。６ドア車はどう考えても千葉県のローカル線で使うような車両ではない。

現在は都会での運転を終了した電車がそのまま廃車になることは少なく、地方路線用に改造されるのが常である。たとえば武蔵野線、南武線、鶴見線、川越線を走る２０５系は多くが元山手線車両であるし、日光線や東北本線の栃木県内北部を走る電車は、元京葉線車両である。このようなリサイクルの状況を考えると、６ドア車は地方での利用法がなく、廃車にするしかない。６ドア車は混雑緩和のための過渡的車両だったともいえる。

ドアの数だけでなくドア幅を広くするケースも

６ドア車は、現在の電車の標準的な長さである１両20メートルに対し、標準的なドア幅である

1・3メートル幅のドアをできるだけ多く配した車両である。ドアとドアの間には縦長の窓が1カ所あるだけなので、これ以上ドアの多い車両は不可能に思える。

それでは車両とドア数の関係をここでおさらいしておきたい。国鉄時代、車両のドア数には相場のようなものがあった。特急型は1カ所、急行型は2カ所、近郊型は3カ所、通勤型は4カ所で、やがて急行型はなくなり、特急型でも2カ所の車両が多くなり、関東圏では近郊型でも4カ所となるなど、ドア数は多くなる傾向だ。

通常車両よりドアの数を多くしてラッシュ時対策を模索した鉄道会社は、JRや東京急行電鉄だけではない。東京地下鉄日比谷線、また日比谷線に乗り入れる東武鉄道には5ドア車がある。こちらは6ドア車より1カ所少ないが、1両の長さが18メートルと若干短いので、ドア密度は高い。この5ドア車を連結した編成は、8両編成に対して、前2両、後2両の計4両なので、編成の半分がドアの多い車両だ。日比谷線ではホームの前後に出口がある駅が多いので、ドアの多い車両を編成の前後にした。日比谷線の5ドア車が実際に5つのドアを開閉するのはラッシュ時のみで、ラッシュ時以外は通常車両と同じ3ドアのみ開閉し、2つのドアは締め切りとなる。しかし、通常車両より座席が少ないというのは、ラッシュ時もそれ以外の時間帯も変わらない。ただし、日比谷線もホームドア設置のため、現在の18メートル車8両編成を20メートル車7両編成に

東西線の新型車両は通常より幅の広いドアとなった

置き換えることにし、４ドア車両が採用されることになった。

このほか京王電鉄と京阪電気鉄道にラッシュ時対策として５ドアにした車両が存在した（京阪電気鉄道の５ドア車に関しては後述）。どの鉄道会社もラッシュ時の乗降をスムーズにするために頭を悩ませているのである。

ドア数ではなく、ドア幅を広げることでラッシュ時の乗降をスムーズにしようとする鉄道会社もある。東京地下鉄東西線は東京の地下鉄で最も混雑する路線である。東西線はその名の通り東京を東西に貫通し、副都心線以外のすべての東京の地下鉄路線と連絡し、乗り換えができるという便利な路線である。このことが利用者の多い大きな要因になっている。

東西線では平成３年（１９９１）、当時最新車両だった05系にドア幅を1・8メートルに拡大した「ワイドドア車」を登場させた。10両編成すべての車両のドア幅が広い車両となった。しかし、思ったほどの効果は得られなかったらしい。ドア幅が広くなった分、開閉に時間を要し、駆け込み乗車が多くなる。主要駅では、その駅で降りない乗客も一旦ホームに出なければならないケースが多くなった。結局は時間を要する場合もあるという結果だ。このため「ワイドドア車」は、試作にとどまり、その後に増備された05系は標準幅のドアに戻された。ところが、その後に登場した新型車両15000系では全車両が1・8メートルの「ワイドドア」となった。試行錯誤を繰り返しながらも「ワイドドア」の採用となったのは、やはりラッシュ時の混雑が如何《いかん》ともしがたいという証であろう。

小田急電鉄でもドア幅を拡大した車両が導入された時期がある。1000形にドア幅を何と2メートルにまで拡大した車両が登場した。この車両のドア幅は通勤電車で最大であった。しかし、東西線同様に思ったほどの効果が得られないのと、座席定員が減るため、後に登場した2000形ではドア幅を1・6メートルとし、1000形の2メートル幅だったドアも1・6メートルに改造された。そしてその後に登場した3000形ではドア幅は標準幅に戻されている。

ドアの数を多くしたり、ドア幅を広くしたりすることで乗降をスムーズにするというのは、列車の遅延を防ぐのが目的のようだが、混雑する駅の出口の位置が一定なのかどうか、混雑する駅が万遍なくあるのか、ある特定の駅での混雑が激しいのかなどによって効果の大小があり、路線ごとに適した方法が異なってくるようである。

このように眺めてみると、田園都市線、東西線、小田急線は、日本でもラッシュ時の混雑度が激しい代表3路線なので、混雑度とドアの形態は合致している。

しかし、ドア数が多くなったり、ドア幅が広くなったりすれば、それだけ座席数が減るのは当然だ。素人的に考えると、果たして乗客は座れるチャンスを削られてまでダイヤ通りの運行を望んでいるかどうかは疑問である。鉄道会社側の考えでは「ダイヤ通りに運行し、時間当たりの輸送力を最大にすることが、座席数を増やすことになる」ということだろう。しかし、利用者としては、目の前の車両の座席が多いことを求めているのである。

また、鉄道会社は、一人でも多くの乗客を座らせることを考えねばならないとも思う。この章の冒頭部分で、車椅子スペースのある車両は座席定員が6人少ない旨を記したが、あのスペースに折りたたみ座席設置はできないのだろうか。私が常々思っていることに、JRの近郊系電車のトイレ対向部分はどうにかならないかということがある。近年の車両はトイレが車椅子対応になり、広くて快適になったが、その分座席が少なくなっている。日本は高齢化社会に突入している。現在の通勤電車はいかに多くの人を乗せるかが焦点になっているが、いずれは、交通機関における「座れるかどうか」は大きな問題となるのではと思われる。

たとえば、近年はバスでも車椅子に対応しているが、かといって座席定員は減っていない。なぜなら、そのスペースに折りたたみ座席が設置されているからだ。というより、バスの場合は、座席は常に使える状態で、車椅子乗客が乗ってきた時に、その座席が折りたためる構造になっている。このほうがずっと現実的だ。車椅子スペースについては国土交通省のガイドラインが影響しているようだが、鉄道車両ではスペースを有効活用していないように思えてならない。

最も輸送力が大きいのは常磐線の快速15両編成

ドアの数を増やしたりドア幅を広げたりして、ラッシュ時の乗降をスムーズにしようと思うと座席定員は少なくなる。それでは根本的に編成を長くすることはできないのか？　ということになろうが、それはホームの長さの問題にも関係する。ホームの延伸は簡単にはできず、まして地下区間では不可能である。東京地下鉄半蔵門線はじめ、多くの地下鉄路線は20メートル車両10両編成分のホームで建設されているが、たとえば東京で最も古い銀座線は、最初に掘られた路線ということで需要の大きな区間を走っているにもかかわらず、現在でも1両の長さが16メートルというミニサイズの車両の6両編成のままである。これは、地下鉄の編成を長くするというのは難しいということを物語っており、まして営業運転を行いながら長くすることは不可能であろう。

それでも輸送力増強のために編成を長くした例はいくつもある。冒頭に述べた田園都市線も、私が世田谷区に住んでいた1970年代は18メートル車の4両編成だったし、現在の田園都市線の地下区間が開通した時は、新玉川線を名乗っていたが、こちらは施設こそ20メートル車10両編成対応で造られたが、開業当初は5両編成だったのだ。そういう意味では輸送力は倍増しているのに、現在の需要には追い付いていない。

通勤列車の編成の長さでは、やはりJR東日本の列車が最も長い。東海道本線、横須賀線、東北本線、高崎線、常磐線、総武本線などの近郊列車で15両編成が最長だ。実際は10両の基本編成と5両の付属編成を連結して15両編成なので（総武・横須賀線のみ11両＋4両）、昼間などは10両編成で運転される列車も多いのだが、ラッシュ時しか15両編成にならないということではない。

さらに細かく見ていくと、これらの多くはグリーン車が2両連結されているので、普通車だけで考えると13両編成となるが、15両すべてが普通車というのは常磐線の直流区間のみを走るE231系で、上野〜取手間の快速に使われている。全車両がロングシートでトイレもないので、日本で最も輸送力の大きい通勤列車だろう。ドアも1両に4カ所なので、15両では60カ所になる。車掌のドア開閉操作も大変であろう。実際、60カ所のドアを閉めて、ラッシュ時に荷物などが挟

常磐線の快速は普通車ばかりの15両編成

まれるなどがまったくないようにするには、かなりの習熟が必要だという。常磐線は以前から混雑が激しいことで知られ、山手線、京浜東北線、中央線などの通勤電車がすべて103系の10両編成だった時代から、常磐線だけは15両運転を行っていた。15両つながっていて、さらに常磐線は複々線で隣の線路には10両編成の千代田線乗り入れ列車も並走しているが、それでも松戸~北千住間などはぎゅうぎゅう詰めとなる。

15両編成は10両+5両とか11両+4両などの複数の編成を連結して成り立っているが、単独編成では総武・横須賀線や山手線の11両が最も長い。

私鉄で最も長い編成になるのは京浜急行電鉄の12両編成、ただし1両の長さが18メートル車である。こちらも8両+4両の編成で、12両編成に対応した長いホームを備えた駅が少ないので、特急、快特でしか運転されないほか、やはりホーム長さの関係で東京都営地下鉄浅草線に入ることはできない。

車体幅を15センチ広げると、車両定員が16人増える

大都市で列車の編成を長くするのは容易なことではない。ホームの延伸がほぼ不可能だからである。しかし、ラッシュ時の混雑に対して通勤車両がまったく変わっていないわけではない。それが車体幅である。たとえば平成26年（２０１４）、JR東日本の埼京線、横浜線では、それまでの２０５系に代わってE２３３系が導入されたが、２０５系は寸胴の車体断面で幅が２８００ミリだったが、E２３３系では２９５０ミリと15センチ広くなっている。この車両は南武線でも運転が始まっている。

鉄道車両は国鉄時代、特急車両などは車内空間を広くするために幅が広かったが、鉄道会社には、トンネルや信号機などの関係で車両限界という、いわば車体断面をこれ以上大きくできないという寸法があり、車体幅を大きくすると車体の裾を絞る必要があり、それが車両新製費用を高くするので、普通列車用車両では広い車体断面は採用されていなかった。しかし、足元が従来車両同様の大きさでも、人間の胴体や頭の部分の空間が15センチ広がると、混雑度は和らぐのであ

る。いわば都会の通勤鉄道は、このような部分しか混雑緩和の余地がなくなっているともいえる。JRの多くの通勤車両ではこのように幅の広い車体がスタンダードとなった。埼京線や横浜線の例でたとえると、中間車の定員が従来車両で144人だったものが160人に、先頭車両では136人だったものが142人に増えている。先頭車両での定員の増え方が少ないのは、万が一の鉄道事故から運転士を守るために、新型車両では運転席スペースが大きくとられているからである。

しかし、広い幅の車体、どこででも採用できるわけではない。この章でも紹介した東京急行電鉄田園都市線や東京地下鉄東西線では採用できず、現在でも寸胴の車両が使われている。一般に地下鉄の車両限界は狭く、寸胴の車両しか走れないのである。私鉄路線の多くは地下鉄に乗り入れているので、寸胴の車両が多くなる。

そのため私鉄でも、地下鉄乗り入れを行わない運用にしか使われない車両（小田急電鉄8000形、西武鉄道3000系）などは広い幅の車体を採用している。一方で、JRの車両であっても、地下鉄東西線や千代田線に乗り入れる車両は寸胴の車体である。

第4章

関東と関西ではこんなに違う通勤事情

中央線「特別快速」と関西の「新快速」は大違い

快速列車といえば、JR東日本には中央本線に「特別快速」、東海道本線に快速「アクティ」、高崎線には快速「アーバン」などがある。一方、JR西日本には東海道本線・山陽本線に「新快速」「快速」、関西本線には「大和路快速」、福知山線には「丹波路快速」などがある。これらは同じような電車と考えがちだが、実は大違いである。中央本線「特別快速」は、停車駅こそ少ないが、車両は普通と同じで、全車両ロングシートでトイレもない。しかし、JR西日本で「快速」といえば、基本的に転換クロスシート、トイレ付きの車両である。転換クロスシートとは、背もたれをバタンバタンと倒して座る向きが変えられるもので、窓に背を向けて座る部分はない。

東京圏では、普段乗る「電車」はロングシートという、窓に背を向けて座る車両が当たり前で、いかに人をたくさん立たせて乗せるか、という設計の電車ばかりが走っていて、いわゆる旅気分を体験できる列車は、特急や新幹線しかなくなっている。

しかし、関西では、ロングシートの車両は東海道・山陽緩行線や阪和線、関西本線、奈良線の普通、大阪環状線、JR東西線、片町線などでしか走っておらず、普段乗る電車でもちょっとした旅気分になれる車両が大勢を占めている。ドアも関東は4カ所が標準なのに対し、関西の快速

関西自慢のJR西日本「新快速」は時速130キロで疾走

列車は3カ所が標準で、そもそも座れる定員が多い。東京圏では近郊列車に2階建てグリーン車が組み込まれているが、関西の快速列車にはグリーン車はない。関東では、乗車券にグリーン券をプラスしなければ、くつろげる設備の車両が利用できないが、関西では、普通車の多くが転換クロスシートで、乗客は進行方向を向いて乗車できるので、グリーン車の必要がないのである。

さらに、関西の電車が優れているのは車内設備だけではない。スピードも速い。東海道・山陽本線を運行する「新快速」は、普通列車の上に「快速」があり、その「快速」よりさらに停車駅が少ない列車が「新快速」で、最高時速は１３０キロに達する。時速１３０キロというのは日本の在来線では特殊な路線を除いて最も速い速度である。関東のＪＲではつくばエクスプレスに対抗して常磐線でのみ実施されているが、乗車券のみで利用できる列車が時速130キロで運転している区間は関西のほうがずっと長い。

「新快速」は運転区間も長い。東では北陸本線敦賀に達し、西では赤穂線播州赤穂に達している。福井から滋賀、京都、大阪、そして兵庫の西部にまで達している。1時間に4本運転され、上りも下りも10時〜21時の時間帯なら大阪発が毎時00分、15分、30分、45分に揃えられていて、トータルして完成度が高い。

「新快速」は関西人にとって自慢の列車と思われる。

編成の長さは8両もしくは12両である。12両というのは8両編成に4両をプラスしたもので、福井県内など末端区間では4両編成となることもある。この12両編成が関西の通勤列車としては最も長い編成で、単独の編成では大阪環状線や新快速などの基本編成部分である8両編成が最長編成。東京では15両編成の列車がたくさん走っているので、やはり東京の列車は混雑度が激しいことがわかる。また、関東では長い編成であるにもかかわらずロングシート主体、関西では短い編成でもクロスシートであること、さらに列車密度を考えると、いかに東京へ人口が集中しているか思い知らされる。

「新快速」は周辺列車も合わせた総合的な面でも利便性は高い。主要駅で快速や普通を追い抜き、そのほとんどが同じホームで接続し、乗換客は向かい側の電車に移動するだけである。複々線区間では、「方向別複々線」といって、同じ方向に向かっている電車が隣の線路を走っているので、新快速停車駅でも隣のホームに普通がやってくるため乗り継ぎがスムーズである。

東京の総武本線と比べてみよう。総武本線でも快速列車の線路と各駅停車の線路は別々で、複々線になっているが、路線別複々線といって、快速列車の走る線路の隣は、逆方向を走る快速列車が走っている。こんな経験はないだろうか。津田沼あたりから御茶ノ水方向に向かう際、快速に乗車、錦糸町で御茶ノ水方面へのホームに移動したら御茶ノ水方面への各駅停車の電車がちょうど発車してしまった。津田沼から乗車した快速は市川で特急を待避した関係で「結局、津田沼から各停で御茶ノ水に通しで乗っても、御茶ノ水到着時間は変わらなかった」などという経験だ。これでは快速を利用した意味がない。中央本線などでも同じことがいえ、関東のＪＲ路線の複々線は、輸送力が大きいというだけで、乗り継ぎの利便性に貢献していない。東京でもＪＲ、私鉄ともに複々線区間は多いが、ＪＲの複々線と私鉄の複々線では造りが違うことを感じている人は多いと思う。東武鉄道でも小田急電鉄でも、複々線区間は、同じ方向に向かう列車が隣り合っているものだ。

普段乗る通勤車両の設備が東と西ではずいぶん違う!

「新快速」は関西の看板列車で、古くから「新快速」用車両が投入され、すでにその車両も4代目の225系が活躍するようになり、初代（117系）、2代目（221系）は「新快速」運用から退いている。かといってこれらの車両はすべてが廃車になってはおらず、とくに221系は全車が関西地区の快速列車として運行中である。「新快速」にグレードの高い車両が導入され、一時代前の「新快速」車両が他線区に転出することで、関西全体の快速列車のレベルが高くなっている。関西本線の「大和路快速」、奈良線の「みやこ路快速」、山陰本線の快速は全車が、また、東海道・山陽本線や阪和線の快速の多くにも元「新快速」用221系が使われている。現在は「新快速」のお古だけではなく、「新快速」車両に準じた新車が福知山線、北陸本線、非電化の姫新線にも導入されているので、関西における「新快速」の影響力は大きい。

大阪も大都会だというのに、通勤電車がオールクロスシートとは、東京とはずいぶん状況が違うようだが、それにはさまざまな要因がある。東京ほどには混雑しないという違いがあるほか、東京の場合はどの路線も人の流れがほぼ都心に向かっているのに対し、関西では「京阪神」という言葉があるように、大阪だけでなく、京都や神戸にも求心力があり、決して人の流れが大阪中心部だけに向いているわけではない。千葉や埼玉は東京のベッドタウンといった性格が大きいが、京都や兵庫は決して大阪のベッドタウンというわけではない。奈良や和歌山も含めて、それぞれの都市が独自の文化を持っていて、どの地域もそれなりに求心力を持っている。

しかし、東京ほどの混雑でないにしても、列車の速さといい、車内設備といい、東京と大阪では大きな違いがあり、混雑度の違いだけでは説明がつかない。そこには、サービスに力を入れる大きな理由として、大手私鉄との競合がある。

京阪神間は古くからＪＲ（国鉄時代から）と私鉄、また私鉄同士の激しい競合があった。京都〜大阪〜神戸間には阪急電鉄、京都〜大阪間には京阪電気鉄道、大阪〜神戸間には阪神電気鉄道がそれぞれ運行し、古くからこれらの私鉄はサービス合戦を繰り広げ、名車といわれる車両もこの区間で多く誕生している。いずれの私鉄もクロスシート車両による特急券不要の特急を頻繁に運行している。

東京にも多くの大手私鉄があるが、山手線を中心に放射状になっていて、ＪＲと私鉄が途中区間も含めて競合しているのは京浜急行電鉄くらいである。他の路線は、京王電鉄のように、起点と終点がほぼ同じ場所であっても、途中の経路が違うなど、完全に競合しているわけではない。

ＪＲ西日本はこういった関西地区大手私鉄と勝負するために「新快速」を充実させている。Ｊ

Rの強みは前述のように、運転区間が長いことで、私鉄の及ばない滋賀、福井、兵庫西部からも利用者を取り込むことで、私鉄との競合を優位に進めている。また、東海道本線米原〜大阪間は、新幹線がＪＲ東海、在来線がＪＲ西日本というのも「新快速」が充実しているひとつの理由で、米原から大阪方面へはけっこうな距離があるにもかかわらず、在来線が便利なため、この区間では新幹線の需要が少ない。

このように、関西私鉄とＪＲ、あるいは私鉄同士でサービスを競うのは関西の伝統のようなもので、一般に関西私鉄の車両は関東に比べてグレードが高い。関東では通勤車両のほとんどがステンレス製車両であるが、関西ではより軽量なアルミ製車両が多く、車体を軽くし、高加減速でスピードを出す。クロスシート車両が多く、京阪電気鉄道の特急は2階建て車両を連結する。関東から考えると驚くかもしれないが、この車両には吊り革がない。なるべく多くの人が座れるようにと補助席もある。ＪＲ西日本の新快速用車両も、現在使われている２２３系と２２５系にはドア部分に補助椅子があり、当たり前のことではあるが、着席人数を多くすることを考えている。

関西では照明の蛍光灯もむき出しではなくカバーがあり、阪急電鉄の車両などには貫通ドアが自動ドアの車両もある。関東では貫通ドアそのものを省略している車両もあり、関西の通勤車両をいくつか体験すると、関東の通勤車両はずいぶん安っぽく感じる。

また関西地区では、北陸方面への特急列車など、車両はいくらでもあるにもかかわらず、通勤ライナーが極めて少ない。やはりその理由として、ライナー券などを購入しなくても、車内設備の優れた快速が多いので、通勤ライナーにあまり需要がないということであろう。

第3章では6ドア車を話題にしたが、関西にも同じ趣旨の車両があり、京阪電気鉄道5000系は5ドア車である。同社の通勤車両は3ドアが標準なので、ラッシュ時対策の車両である。しかし、ラッシュ時は5ドアとして運行されるが、朝のラッシュ時以外は2つのドアを締め切りにし、さらにその部分に天井から座席が降りてくるという凝った造りである。ラッシュ時は座席を天井部分に収納する仕組みで、ここまで面倒なことをしてでも座ることにこだわっている。

私鉄でありながら長距離を運行する近畿日本鉄道では、多くのL／Cカーと呼ばれる車両がある。LはLong、CはCrossの略で、ラッシュ時はロングシート、それ以外はクロスシート車両として運転できる車両だ。関東でも東武鉄道東上線にこれと同じ仕組みの車両があり、東上線ではクロスシート時はライナー券の必要な列車となるが、近畿日本鉄道ではクロスシート時も通常の列車で、同社ではL／Cカーの比率が高い。

このように、関西でもラッシュ時対策は行われている半面、それ以外の時間帯のケアもされているという印象を受ける。こういった東京と大阪の違いを関西の友人に話すと、友人は謙遜しな

京阪電気鉄道5000系。ドアの部分に座席が！（写真上） ドアを使用する朝のラッシュ時、座席は天井に収納（写真下）

がら「でも東京に行くと列車の本数、編成の長さに圧倒される」という。やはり東京は輸送力第一なのである。それほどに東京は人が多い。また、関西は車両の設備はいいものの、駅のエスカレーター、エレベーター、ホームドア設置が遅れているなど、施設面では見劣りがする。細かいことをいえば、関西では車両のレベルが高いことで知られる私鉄でも、駅のトイレにトイレットペーパーがなかったりする。関東と関西では、力を入れる部分が違うことも感じる。

毎日、終日女性専用車

関東と関西では女性専用車両の設定方法もかなり違う。

関東の女性専用車は平日の時間帯によって実施されるもので、終日、または毎日女性専用車になる路線はない。すべて平日のラッシュ時、何時何分から何時何分にどこどこ駅を発車する列車などと、曜日、時間、区間が決められている。なかには、よほどよく読まないと、果たしてこの時間、この区間が本当に女性専用車なのかどうかわかりにくい路線もある。第3章に述べた東京急行電鉄田園都市線の場合は、始発から9時30分までで、午前9時30分になるとどの列車でも女性専用車両は解除される。運行途中の列車も9時30分を過ぎた最初の駅で解除されるという具合で、女性専用車両の仕組みはわかりやすいほうである。しかし、多くの路線で女性専用車両を

大阪市営地下鉄御堂筋線の女性専用車はひと目でそれとわかる

「1号車」などと号車で決めているのに対し、田園都市線〜半蔵門線〜伊勢崎線では、常に最後尾車両を女性専用車両としたので、先頭車両は両端とも女性専用車の表示があって紛らわしくも感じる。つまり「女性専用車」の表示があっても、それはその車両が最後尾として運転されている時だけとなる。

女性専用車が一歩進んでいるように感じるのは関西のほうで、関東にはない平日終日女性専用車や毎日終日女性専用車がある。大阪の地下鉄で最も混雑する大阪市営地下鉄御堂筋線（北大阪急行電鉄も含む）では、平日は終日女性専用車が設定され、御堂筋線はステンレス車両ながら、女性専用車はひと目でそれとわかるラッピングが施されている。その車両は永遠に女性専用車という感が強い。

さらに、JR西日本の大阪環状線、東海道・山陽緩行線、JR東西線、片町線など、おもに4ドアのロングシート車両で運転される区間でも女性専用車があり、こちらは毎日終日女性専用車となっている。また、神戸市営地下鉄と、神戸市営地下鉄と相互乗り入れを行う北神急行電鉄でも毎日終日女性専用車が実施されている。関東では終日女性専用車という例はなく、関東と関西の温度差を感じる。関東の場合は多くの路線で10両編成のうち1両が女性専用車だが、関西では元々6～8両編成程度の列車に対して1両が女性専用車となるので、女性専用車比率も高い。最も女性専用車比率が高いのは神戸市営地下鉄海岸線で、4両編成中1両が女性専用車だ。先頭車両に設定されているので、地下区間ではあるが、運転席越しに見る景色は、片方は男に生まれると見ることができない風景となる。

関東と関西に差があるのは、やはり関東は関西よりも混雑度が激しく、きっぱりと1両を女性専用車だけにしてしまうことが難しいのだと感じる。

また、JR西日本では女性専用車が進んでいると思われる一方で、快速列車などには女性専用車はない。これは関東でもいえることだが、編成が4両＋4両などで組成されており、複雑な運用となっているため、今日の1両目が明日は5両目などということがあり、実際問題としては女性専用車の設定が難しくなっているのである。

女性専用車の実際の利用法でも関東と関西の差は感じる。関東の女性専用車は先頭車両か最後尾車両という例がほとんど、実施される時間帯はラッシュ時間帯に限られているので、女性専用車には女性、または電車通学する小学生しか乗っておらず、女性専用車は機能していると感じる。

一方、関西の女性専用車は編成の中間あたりに連結されている例が多く、列車が空いている時間帯も実施されているので、女性専用車であっても男性の通り抜けはOKというような暗黙のルールを感じる。たとえば、女性専用車が6号車、男性が7号車に乗っていて、その男性の降りる駅が近付き、その駅の階段が5号車近辺にあるとすると、その男性は悠然と女性専用車を通り抜けて5号車へと移っていく。

東京と大阪では地下鉄の立場がかなり違う

関東と関西では大手私鉄と地下鉄の関係もかなり違いを感じる。東京では多くの地下鉄が私鉄やJR路線に乗り入れていて、私鉄がターミナル駅で終点になってそこでおしまいという路線は少ない。その点、大阪市営地下鉄は、私鉄と相互乗り入れを行っているのは、実質的には堺筋線と阪急電鉄千里線が相互乗り入れを行うにとどまっている。御堂筋線が北大阪急行電鉄に、中央線が近畿日本鉄道けいはんな線へ乗り入れているが、これらは既存の私鉄路線とつなげたのではなく、地下鉄の延長部分が大阪市から外に出るために、大阪市営地下鉄とは別組織にしたという

大阪の地下鉄の終点は、本当にそこで終わりが多い（八尾南）

のが正確な解釈である。
　東京では地下鉄路線に終点まで乗っても、多くの場合はその列車が私鉄路線などに乗り入れて、列車の終点はずっと先になるか、地下鉄路線の最後の駅で列車は終着となっても反対側のホームにはそこから先へ行く私鉄列車などがやってくるかであろう。ところが大阪で地下鉄に終点まで乗ると、ほとんどの場合は、そこは本当の終点で、そこから先へ続く鉄道はない。大阪市営地下鉄の終点駅は、東京でいう丸ノ内線支線の終点、方南町のような駅が多い。
　なぜこんなにも東京と大阪では地下鉄のポジションが異なるのか。大阪では市営地下鉄は市民の税金でまかなわれており、「大阪市民のための足」という意識を強く持って建設された。東京では、東京都営地下鉄三田線が建設された当時の経緯でも述べたように、郊外の私鉄同士を都心に乗り入れさせるために地下鉄が建設されたようなもので、地下鉄はその乗り入れ先に合わせて線路幅や集電方式が決められたが、大阪では建設の意図がまったく違っている。「地下鉄は第三軌条方式だから」云々以前に、相互乗り入れを前提にしていなかったのである。

そのため、郊外から大阪中心部へは、必ず大阪梅田、難波、天王寺（大阪阿部野橋）などのターミナルで乗り換える必要がある。大阪では「キタ」「ミナミ」という、北と南の繁華街を示す言葉があるが、この言葉が定着したのは、これらのターミナル駅が素通りすることができなかったことも一つの理由ではないだろうか。東京にもいろいろとターミナルはあるものの、だからといって必ずそこで乗り換えになるわけではない。

こんな大阪市営地下鉄には先進的だった部分も感じる。御堂筋線は日本で2番目に古い地下鉄で、昭和8年（1933）に最初の区間が開通している。そして御堂筋線は日本で最初の公営地下鉄でもある。東京の地下鉄が全長16メートル車6両編成の銀座線に始まり、徐々に車両の長さが長くなり、後に開通した半蔵門線などは全長20メートル車10両編成で運転されているが、大阪では最も古い御堂筋線が全長約19メートルながら10両編成で運転している。御堂筋線は開業当初は単行で運転していたものの、将来の需要増を予測して長いホームで建設されていたので、開業時から手直しなしで8両編成まで増結されていて、設計に先見の明があったと感じる。対する銀座線は東京のメインストリート直下を走っていて、利用者も多いのだが、１列車あたりの輸送人員は少ない。

東京では「銀座線は古いからしょうがない」ということになっているが、大阪では最も古い路線が、最も需要が多く、最も長い編成で運行している。

大阪では私鉄同士が直接結ばれている

大阪環状線の輪は山手線の輪に比べて小さいこともあり、大阪では私鉄同士が地下鉄を介さずに直接結ばれた。平成21年（２００９）に近畿日本鉄道と阪神電気鉄道がつながった。近畿日本鉄道の元々のターミナル駅は上本町《うえほんまち》（現在の大阪上本町）で、大阪線はここを起点とする。難波（現在の大阪難波）に達したのは、大阪万博開催の昭和45年（１９７０）のことで、そのためこの区間は大阪線ではなく難波線と呼ばれる。この近畿日本鉄道大阪線建設にも大阪ならではのエピソードがあり、大阪線は大阪市営地下鉄千日前線と一体構造で建設されている。

実は近畿日本鉄道と阪神電気鉄道をつなぐという構想は戦後間もなくから存在し、その計画は阪神電気鉄道の野田から大阪市中心部を横断して上本町に至るものであった。しかし、当時の大

地下鉄を介さず近畿日本鉄道と阪神電気鉄道は直接結ばれた

阪市は「市内の交通は市が一元的に行う」として、この計画をよく思っておらず、それを阻止するために千日前《せんにちまえ》線の建設が始まったといわれている。千日前線のルートは当初の阪神電気鉄道と近畿日本鉄道をつなぐルートと同じルートで完成している。

そこで阪神電気鉄道は、重複を避けるため、阪神なんば線を阪神本線の野田からではなく、西大阪線の西九条から大阪市中心街へ至るルートとして建設した。結果的に、阪神電気鉄道とも近畿日本鉄道とも直通しない千日前線の利用者は多いとはいえず、8両編成用のホームながら、4両編成で運行していて、ホームがガランとした印象である。

経緯はともかくとして、大阪では郊外～都心～郊外というルートは、私鉄同士が直接つながることで果たされた。考えようによっては、途中に大阪市営地下鉄という別の組織を挟まなかったことにより、神戸方面から奈良方面に向かう場合も、初乗り運賃は2社のものを払えばいいので「かえってよかった」と思う。

大阪のＪＲはさまざまな路線へ乗り入れる

大阪では地下鉄と私鉄がほとんど相互乗り入れしておらず、郊外から大阪市中心部へはターミナル駅での乗り継ぎが必要な場合が多いが、一方でＪＲはさまざまな路線で直通運転を行っている。大阪環状線と阪和線、大阪環状線と関西本線は直通運転を行い、阪和線や関西本線への快速は京橋を起点に反時計回りに大阪や西九条を経由して天王寺からそれぞれの路線へ入る。東海道本線の緩行線は福知山線へ直通し、福知山線はＪＲ東西線を介して片町線へ直通運転を行う。利用者は乗り換えなしでさまざまな場所に移動できる。大阪駅の環状線ホームからは、エンドレスに回っている環状線、和歌山方面、関西空港方面、奈良方面の快速もやってくる。関西地区のＪＲ路線は、乗り換えなしという部分にもこだわっている。乗り換えになるにしても、前述のように方向別複々線などが多いので、便利な乗り換えが多い。東京のＪＲ路線と異なる部分である。

東京では山手線の線路には山手線車両しか走らず、逆に山手線車両は山手線以外の線路を走ることはない。京浜東北線にもいえることだ。中央線から来た電車が山手線に乗り入れたり、東海

関西空港行き特急「はるか」（右）も関西本線の「大和路快速」（左）も大阪環状線の線路を走る

道本線から来た電車が京浜東北線に乗り入れたりはしない。そのほうがダイヤは単純になり、運行しやすくなるが、利用者は乗り換えを強いられる。その乗り換えも多くは違うホームになる。

全体的には大阪のほうが「線路がつながっていればさまざまな運行ができる」という鉄道の特色を生かしている。

単純な運行にもメリットはあり、山手線は専用の線路で同じ形式の車両しか走らないので、保安装置のレベルが高く、山手線には、いわゆる目で見て確認する信号はなく車上信号を備えている。京浜東北線も同じだ。異形式の車両が走らないので、編成の長さやドア間隔も統一されていて、ホームドアの設置も進んでいる。大阪環状線の場合は、4ドアの大阪環状線、3ドアの快速、さらには特急列車までが同じ線路を走っているので、ホームドア設置は簡単ではない。そういう意味では、山手線は鉄道ではあるが、山手線のホームには同じ電車しかやって来ない。いわば「ゆりかもめ」のような特殊な軌道とさして変わらない存在ともいえる。

競合相手の有無で利便度は大きく変わる

関西の私鉄とＪＲの競合は運賃にも大きな影響を与えている。ＪＲの京都〜大阪間は５６０円に対し、阪急電鉄の京都（河原町）〜大阪（梅田）間は４００円、京阪電気鉄道の京都（三条）〜大阪（淀屋橋）間は４１０円である。しかし、これでもＪＲは大幅に割り引いていて、京都〜大阪間は、本来のＪＲ西日本の距離に対する運賃からすると７１０円である。鉄道運賃は距離によって決まり、同一鉄道会社内なら、特殊な区間を除いて、同じ距離なら運賃も同じと思われるが、ＪＲには「特定区間の運賃」と呼ばれる、競合交通機関のある区間でのみ割引運賃にするといった例が東京・名古屋・京阪神地区にある。悪くいえば「独占している区間では割り引かない」ということになるが、良くいえば「営業割引」である。大阪から京都までは５６０円だが、京都から山陰本線に入り、ひと駅先の丹波口まで行くと８４０円と一挙に高くなる。私鉄と競合しない区間の場合は割引がなくなり、本来の距離相応の運賃になってしまう。そのため、大阪〜丹波口間は大阪～京都間と京都～丹波口間を分けて購入すると、560円＋140円で合計700円になり、通しで買うより140円も安くなる。

「特定区間の運賃」は東京圏や名古屋圏にも多くあり、上野～成田間（京成電鉄と競合）、新宿～八王子間（京王電鉄と競合）、渋谷～吉祥寺間（京王電鉄と競合）、渋谷～横浜間（東京急行電鉄と競合）、品川～横浜間（京浜急行電鉄と競合）、名古屋～岐阜間（名古屋鉄道と競合）、名古屋～四日市間（近畿日本鉄道と競合）など数多い。そして、このような運賃は私鉄と競合している区間でのみ行われていて、品川～横浜間は京浜急行電鉄と競合しているので、本来の運賃よりも割り引くことで京浜急行電鉄と対抗しているが、東京～横浜間となると、京浜急行電鉄が及ばなくなるので、割引はなくなる。このようなことは古くから行われているのだ。

第5章

中京圏ほか主要都市の通勤電車事情

ＪＲの車両設備は競合相手の有無で決まる

第4章の終わりで、競合相手の有無によって運賃が大きく変わることについて触れたが、運賃以外でも変わることは数多い。列車の車内設備や座席のスタイルは、その路線の性格、需要動向から、また特急、快速などの列車種別から、それらに応じた車両設備や座席スタイルが決まると思われる。しかし、そういった路線も多いが、そうでないケースも多々ある。

関西の「新快速」を紹介した際、「転換クロスシート」を紹介、関東では馴染みが薄いが関西ではポピュラーな座席スタイルと記したが、名古屋圏や福岡圏でもポピュラーである。ＪＲ東海でいえば豊橋〜名古屋〜大垣間は、快速、普通列車も含めて全列車に使われている。ＪＲ九州でも門司港・小倉〜博多〜大牟田《おおむた》間の快速は転換クロスシート車両である。

これは豊橋〜名古屋〜岐阜間には名古屋鉄道が、博多（西鉄福岡）〜大牟田間では西日本鉄道が競合していることもひとつの要因となっている。名古屋鉄道、西日本鉄道ともに、特急料金不要の俊足でクロスシートの車内設備を備えた特急列車を走らせている。

ＪＲ東海道本線の豊橋〜名古屋〜岐阜間は快速（新快速、特別快速含む）、普通ともに転換クロスシート車両ばかりが使われていて、大都市圏であるにもかかわらずロングシートの車両はない。

JR東海の313系は運行する区間によって車内設備がずいぶん変わる

快速は混雑するものの、普通列車はいつも空いており、急がなければかなりの確率で座れるという感覚で、恵まれた路線に感じる。快速はJR西日本の「新快速」ほど俊足ではないものの、1時間におおむね4本運転され、多くの車両は全席が進行方向に向けられる転換クロスシート車両である。JR西日本の転換クロスシート車両はどこか1カ所は対面するボックス席状になるので、座席形状はJR東海の名古屋地区を運行する快速の車内設備が日本で最も優れているのではないかと思う。

ところが、これが同じJR東海の東海道本線でも、私鉄との競合のない静岡地区になると状況は一変する。熱海～静岡～浜松～豊橋間には快速はなく、ほとんどがロングシート車両での運行となる。快速がないので、都市間移動の乗客も地域の乗客も普通列車を利用するしかなく、三島、富士、静岡、浜松近辺ではかなり混雑する。しかし、これでも現在はトイレ付きの車両が多くなって、少し良くなったといえるが、以前はこの間を延々トイレのない車両を多く走らせていた。

豊橋以東も豊橋以西も運行されている車両は313系が中心となり、外観は同様であるが、静岡地区と名古屋地区では車内設備がまったく異なる。東海道本線に関しては、静岡県民はこの状況によく納得しているなとさえ思える。

名古屋地区でJRのライバルとなる名古屋鉄道

それでは、JR東海が豊橋〜名古屋〜岐阜〜大垣間で快速列車に力を入れる源になっているともいえる、対抗する名古屋鉄道はどんな列車を走らせているのだろうか。名古屋鉄道本線は豊橋〜名古屋〜岐阜間を運行していて、途中経由するルートは若干異なるが、豊橋、名古屋、岐阜の主要3駅では真っ向からJRと対抗している。豊橋駅は駅自体が同じで改札口も同じ。名古屋では名鉄名古屋駅、岐阜でも名鉄岐阜駅と、駅名は異なるが、近い場所にあるので、そういう意味では京阪神以上に対抗している。乗客にとってはどちらに乗っても同じ駅から乗って同じ駅に到着するイメージなので、対抗意識は強いはずである。

名古屋鉄道は豊橋〜名古屋〜岐阜間に特急を「パノラマスーパー」で運行

名古屋鉄道では1時間に特急を3〜4本運行している。といっても名古屋鉄道は名古屋を中心に豊橋から岐阜に至るラインのほかに、知多半島方面と犬山方面もメインの路線になり、豊橋から犬山方面への特急、知多半島から岐阜方面の特急もあるので、豊橋から岐阜へ向かう場合、ジャンクションになる神宮前や金山で乗り換えになる列車もある。

特急列車は「パノラマスーパー」と呼ばれる6両編成で運転され、うち2両は特別料金360円が必要な指定席、4両が普通車両、ただし普通車両でもクロスシート車両である。ラッシュ時はこれに2両の普通車を増結して8両編成で運行する。JRの快速も6両ないし、6両＋2両の8両、または4両＋4両の8両編成なので、輸送力はほぼ同じであるが、JRは全席普通車両なので、実質的にはJRのほうが多くの人が乗車できる。「パノラマスーパー」という名称は、名古屋鉄道では以前、前面展望が楽しめる「パノラマカー」があったからで、その流れを汲む車両である。現在でも指定席側の先頭車両は床が高く前面展望が楽しめる。運賃は豊橋〜名古屋間で名古屋鉄道が40円安く、所要時間はほぼ互角である。

名古屋鉄道の強みは、犬山方面、また岐阜からだと知多半島方面にも直通していて、メインとなる路線が十字に2つあることである。JRには犬山方面の路線はないほか、知多半島方面は、武豊《たけとよ》線が電化されることになったものの、単線なので圧倒的に名古屋鉄道が強い。

一方、JR東海には中央本線があり、こちらも複線電化の通勤路線で、快速も運転されているが、東海道本線へは朝の2本を除いて乗り入れておらず、普通列車は名古屋起終点となる。JR東海の東海道本線の快速（新快速、特別快速含む）とJR西日本の東海道・山陽本線の「新快速」で異なるところは、JR西日本の「新快速」は、京阪神間で私鉄との競合を優位にするために、列車を滋賀や福井から直通させて、多くの利用者を取り込もうとしているが、それに対し、JR東海の快速は豊橋以西にしか運転されておらず、対抗路線を私鉄との競合区間に絞っていることだ。快速でも通過駅があるのは岐阜以東で、岐阜を出ると3つ先の大垣まで各駅に停まる。一部浜松始発の快速もあるが、豊橋までは各駅に停まる。

このため、JR東海の東海道本線は豊橋を境にサービスにかなり差があり、豊橋から東は快速がなく、ほとんどがロングシート車両、なかにはトイレさえない車両もある。西はクロスシート車両ばかりで、快速も多く、もちろんすべてトイレもある。

JR東海は関西本線では近畿日本鉄道と競合しているが、近畿日本鉄道が複線電化で列車本数が多いのに対し、関西本線は単線区間が多く、関西本線の普通列車はラッシュ時でも4両編成、昼間に至っては本線とは名ばかりの2両編成ワンマン列車が多く運転されており、こちらでは対抗意識を感じない。

環状線の「外回り」「内回り」の表現はわかりにくい

名古屋は日本では東京、大阪に次ぐ地下鉄網を有しているが、やはり東京、大阪と比較すると知名度はぐっと下がってしまう。しかし、名古屋市営地下鉄は東京や大阪にはない面も持ち合わせている。中京圏ではトヨタ自動車の存在感は圧倒的で、関連事業が多く、日系ブラジル人も多いことから、地下鉄施設には日本語、英語、韓国語、中国語に加えてポルトガル語表記まであり、5カ国語表記になっている部分が多い。

日本で唯一となっているのは地下鉄の環状線があることで、名城線は山手線のようにぐるりと

名古屋市営地下鉄名城線は環状運転、表記は「外回り」ではなく「右回り」

一周する路線になっている。一周するといっても全線が地下なので、車窓から名古屋の街を一望できるわけではないが、日本の鉄道では山手線、大阪環状線と並ぶサークル状の路線で、その距離は大阪環状線よりも長い。

そして、この名城線、世界標準になればいいと思える、最も評価できる部分がある。それは、環状線のそれぞれの電車の表現を「外回り」「内回り」ではなく「右回り」「左回り」と表現していることである。山手線や大阪環状線は「外回り」「内回り」と表現しているが、それは電車が左側通行だということを認識していることが前提である。そもそも「外回り」「内回り」の意味を理解していない人も多く、とくに女性に理解していない人が多いようだ。無理もないことで、私のように鉄道に興味を持っていても、東京駅から品川駅に行くのに、いったん頭の中で山手線の輪を地図として思い描かないと、「外回り」なのか「内回り」なのかはっきりわからないことがある。

日本で山手線のような環状線が、「外回り」「内回り」となったのは、ロンドンの地下鉄の影響があるようで、ロンドン地下鉄の環状線でも「Outer circle」「Inner circle」と表現していて、地下鉄が左側通行である前提である。ソウル地下鉄2号線も環状線で、漢字では「外線」「内線」と表現しているが、この路線は右側通行なので、日本でいう「外回り」が「内線」と逆になってしまう。海外にも都市の環状線は多く、マドリード地下鉄、モスクワ地下鉄などにも環状線はある。

英語での表現は「Circle」の部分が「Loop」だったり「Ring」になったりするが、世界的にも「外回り」「内回り」という表現が多く、国によって通行帯は異なるので、統一されていない。

その点、名古屋市営地下鉄名城線の「右回り」「左回り」は世界中の誰もがすぐに理解できる。英語表記も「Clockwise」（時計回り）、「Counterclockwise」（反時計回り）と、誰でも頭に描きやすい表現となっている。名古屋を発信地に、世界の環状線が名古屋式になればいいと思うくらい優れた表現ではないかと思う。ちなみに、名古屋だけでなく、環状地下鉄が2つの輪を持っている北京でも、名古屋同様の表記がされている。

札幌や仙台地下鉄の秘密

札幌というか、北海道の普通列車には本州と異なる特徴がある。それは北海道以外の普通列車にはデッキがなく、ドアから車内に入ると、そこは客室である。ところが、北海道では普通列車であってもドアからデッキに入り、さらにドアを開けて客室となる。これは冬の寒さ対策で、車内保温のために、客室と外が2つのドアで仕切られているのである。北海道の普通列車はほとんどがこのような車内設備になっている。しかし、札幌周辺では混雑が激しく、東京の通勤電車と同じようなデッキなし、ロングシートの車両で運行する普通列車が多くなった。このようなデッキのない車両では、ドア上部と横に強力なエアカーテンを設備していて、外気の車内への侵入を防いでいる。

北海道ならではの通勤・通学事情はほかにもあり、冬季は降雪で道路上の雪も根雪と化すことから、冬季以外は自転車通学する高校生などが、冬季は鉄道やバス通学するので、冬季のほうが混み合うという事情もある。

しかし、鉄道通勤が過酷とまでいえる状況になるのは東京圏、大阪圏だけといえ、それ以外の都市での混雑度は東京などに比べてかなり和らぐことは事実である。ゴムタイヤ駆動で有名な札幌市営地下鉄には、東京や大阪の地下鉄とは違った表記がある。東京や大阪の都市内の電車では、お年寄りや体の不自由な人のために「優先席」が設けられているが、札幌市営地下鉄では、ずばり「専用席」と表記されている。これでは健常者は「専用席」に座ることは躊躇《ちゅうちょ》してしまい、「専用席」は空席になっていることが多い。空席を目の前にして立っている人が多く、かえって不合理にも思える。ところが、札幌市営地下鉄に何駅か乗ると、その思いも消える。朝のラッシュ時などを除くと、札幌市営地下鉄が混み合うのは南北線、東西線ともに大通駅前後のみで、大通駅から３～４駅も進むと車内は空いてくるのである。東豊《とうほう》線に至っては駅のホームが６両編成対応で建設されているものの、実際は利用者が伸びず４両編成で運転されている。東京のような逼迫《ひっぱく》した状況はないようである。

東北唯一の地下鉄である仙台市営地下鉄も、札幌市営地下鉄東豊線と似た事情がうかがえる。仙台市営地下鉄は市内を南北に貫く南北線の１路線で昭和62年（１９８７）に開業している。現在は４両編成で運転、将来の需要増に備えて、６両編成に対応できるホームなどの設備を有し、車両の１０００形も６両編成になることを前提に造られていて、車号は１１００、１２００、１３００、１６００という形式から成り、１３００と１６００の間に１４００と１５００が組み込まれて６両編成になる準備がされている。しかし開業後27年を経た現在でも６両に増強される予定はなく、当初予想ほどの需要はない。

仙台市営地下鉄では2本目の地下鉄となる東西線の建設を進めていて、平成27年（2015）の開業を予定している。地下鉄が2路線となることで、南北線の利用者も増えるとしている。

この東西線はリニア地下鉄として建設されている。リニア地下鉄は大阪市営地下鉄長堀鶴見緑地線で初めて実用化された技術で、東京都営地下鉄大江戸線でも採用されている。

リニア地下鉄の特徴は、通常車両のように、車両の台車内に回転するモーターを装架するのではなく、レール間に施設された電磁石と車載の電磁石の反発力によって動くもので、これをリニアモーター駆動と呼んでおり、いわゆる軸が回転するモーターで車輪を回すという方式を採っていない。その分、床下を小さくできる。車内も小ぶりとなるが、トンネル断面が小さくなり建設が楽になり、建設費用が安くなるとされている。

東京都営地下鉄大江戸線は東京で12番目の地下鉄で、当然既存の地下鉄のそのまた下を掘っており、建設工事を容易にするためにリニア地下鉄となった。地下鉄の建設費用は、その深さとトンネル断面の面積に比例するといわれており、深い地中に大きな車両を通そうとすると、その建設費用は莫大なものになってしまうのだ。リニア方式にすると、既存の私鉄などとの相互乗り入れはできないので、他社との相互乗り入れの予定のない路線でしか採用できないが、大江戸線では他社線への乗り入れ予定もなかったのである。

このようにリニア地下鉄は、大深度を建設する地下鉄の切り札的存在だったのだが、浅い地下を走る場合でも、比較的建設費用が安くすむことから、現在では財政難にあえぐ都市の公営交通の地下鉄としてもてはやされている感があり、仙台市営地下鉄東西線はじめ、横浜市営地下鉄グリーンライン、大阪市営地下鉄今里筋線、神戸市営地下鉄海岸線、福岡市営地下鉄七隈線でも採用されている。リニア地下鉄は「大都市ほどの需要はないけど、地下鉄が欲しい」という都市の希望を叶えてくれる救世主となった。

ただし前述のように、特殊なシステムであることも確かなので、線路の上を鉄の車輪で走行しているものの、既存の鉄道とつなぐことはできず、消費電力も大きい。それなら、たとえば広島高速交通「アストラムライン」で採用されているような、ゴムタイヤ駆動の交通システムでもよかったともいえ、リニア地下鉄よりさらに輸送力は小さくなるが、より勾配に強く、ほぼ直角にカーブすることなども可能になる。

仙台市営地下鉄は開業当初から合理化も進んでいた。日本で初めて当初からワンマン運転を行った地下鉄で、運転士がドア扱いを行いやすいように運転台は通常の日本の鉄道車両とは逆の右側にある。ホームは島式に揃えられていて、開閉するドアは進行方向右側だけとなっている。徹

仙台市営地下鉄は運転台を右側に、ホーム側を揃えることで、ワンマン運転をスムーズに行う

底したワンマン運転対策だった。

こんな仙台市営地下鉄、当初の目論見と違ったことがもうひとつある。仙台市営地下鉄の車両には当初は冷房がなかった。地下鉄は通常の鉄道に比べ「冬暖かく、夏は涼しい」といわれたほか、東北地方の太平洋側は冷房が必要となるほどの暑さは一年にほんのわずかな期間だったからである。札幌市営地下鉄にも冷房はなく、日本の地下鉄冷房車の北限は埼玉高速鉄道であった。

ところが、地球温暖化が進んでいるのか、平成16年（2004）から車両の冷房化を進め、平成25年（2013）に冷房化が完了している。

鹿児島本線に見る「列車の運転のされ方」

福岡はJR九州、西日本鉄道の鉄道とバスが発達し、市営地下鉄も運行しているが、通勤は自家用車利用の比率が高く、東京などとは通勤事情が異なる。そのようなことを念頭に福岡の通勤電車事情を考えてみよう。JR九州が運行するのは鹿児島本線、近年、通勤需要が高まっているのは篠栗《ささぐり》線である。鹿児島本線は複雑な路線で、博多から東は、博多周辺では福岡への通勤需要が高いほか、小倉や門司港まで含めれば福岡市と北九州市の間を結ぶ都市間列車の需要も高い。小倉～博多間はJR西日本の山陽新幹線と競合関係にあるので、在来線でも快速が充実しているほか、特急列車も運転している。博多以南では、今度は西日本鉄道と競合しているため、やはり快速列車が運転されている。篠栗線は従来、福岡市内と筑豊地方を結ぶという役割が強かったが、現在はそれに福岡市内への通勤需要が加わっている。

筑肥《ちくひ》線方面は福岡市営地下鉄を介しての運転となり、この路線の通勤路線化で、玄界灘沿いの町までが福岡市内への通勤圏となった。唐津、そして唐津線にひと駅入った西唐津までが通勤電車の走る路線である。

鉄道路線の良し悪しは競合路線などに大きく左右され、競合路線がある地域では、JRも対抗

JR九州でも他の鉄道との競合区間ではクロスシートの快速が頻繁に走る

のためにサービスに力を入れ、利用者も鉄道会社を選択できる半面、そうでない地域では、運賃も高く、サービスレベルも低くなり、この格差は年々大きくなるように感じる。

それを説明する具体例として、最もいい例というか、路線の利便性が競合路線や沿線人口などでコロコロ変わる「運行体系見本市」のような路線がＪＲ九州鹿児島本線である。鹿児島本線は福岡県の門司港から、佐賀県、熊本県を経て、鹿児島県の鹿児島に達していた路線で、一部区間は第三セクター化され、すでに鹿児島本線は寸断状態だが、区間によって運転される列車が目まぐるしく変わる。

まずは門司港～博多間で、この区間は快速列車が充実しているほか、在来線の特急も走っている。通常は新幹線と並行する部分では在来線特急は走らないものだが、在来線を運行するのがＪＲ九州、新幹線を運行するのがＪＲ西日本と、別会社であれば話は別になる。

博多〜大牟田間も西日本鉄道と競合しているので、門司港や小倉からの快速列車がそのまま運行していて、快速列車が充実している。しかし、博多以南には、九州新幹線と重なるため、熊本方面への特急列車は通勤時間帯以外はない。

大牟田〜熊本〜八代《やつしろ》間は競合相手がなく、並行する新幹線も同じ会社なので、普通列車は多くがロングシート車両と簡素な設備になり、この区間を直通する在来線特急もない。しかし、熊本という大都市を有しているので、近年に新幹線が開業した部分の並行在来線であるものの、ＪＲ路線として残っている。つまり、地域需要があるので採算に合う区間というわけだ。

最も利便度が低くなってしまったのが八代〜川内《せんだい》間で、ＪＲ路線から切り捨てられ、第三セクター鉄道として命をつないだ。新幹線の駅ができた町以外は、博多に出るにも乗り換えを強いられ、運賃も高くなった。

最後の川内〜鹿児島中央・鹿児島間は、大牟田〜八代間に似ていて、新幹線と並行する在来線ながら、沿線人口などから、手放して第三セクター化しなくても採算性があると見られた区間だ。

このように、それぞれの区間を運行する列車の種別や車内設備というのは、需要や利用者の趣向ではなく、多くは競合する交通機関や、並行する新幹線が同じ会社か別会社かといったことで決まる。これは日本全国にいえることで、新幹線が開業すると、在来線の特急が不要というのは、あくまで新幹線と在来線が同じ鉄道会社が運行する場合にいえることである。

地方では都会と異なる通勤事情

以前は、混雑する都会の路線ほどロングシート車両を多く使い、地方はボックスシートなどのクロスシート車両で運転するというのが標準的な姿であったが、現在はこの法則は当てはまらなくなった。本来なら名古屋近辺の混雑する線区ほど人を多く乗せられるロングシート車両で、混雑しない地方ほどボックスシートというのが鉄道の姿であった。しかし、現在は競合のある区間では、車両の新製費は少々高くなっても向きの変えられる転換クロスシート、競合のない地方では、安くすみ、掃除も楽なロングシート車両という図式になった。

地方路線でロングシート車両ばかり走らせていたのでは、観光振興の面でもその地域は不利ではないかとも感じる。快速列車があるかないかではその地域が活性化するかどうかも関わっていると思われる。競合私鉄があるかないかで、鉄道の運転体系が決まってしまうのでは、地域差を大きくしてしまうであろう。地域によっては、山陰本線のキハ126系、紀勢本線の105系、小浜線の125系、四国の徳島地区の1500系のように、費用地元負担でクロスシート車両を走らせたり、トイレを設置したりしている例もある。

JRの快速列車などが充実しているかどうかは、その地域の鉄道の地位も大きく変えてしまう。

人の動きが活発であるのに、JR在来線の快速などが充実しない宮城、新潟、広島地区などでは県内の高速バスが発達している。その点、JRの快速列車が充実している京阪神間、豊橋〜名古屋〜岐阜間などは高速バスは1便も走っていない。

このようなことから、地方都市には地方都市なりの通勤事情がある。第3章に6ドアで座席のない通勤電車を紹介したが、東京急行電鉄田園都市線の場合、10両編成の列車がラッシュ時に2〜3分間隔で運行される。地下区間もあり、これ以上のホーム延伸はできないので編成を長くすることはできず、列車密度も限界である。これ以上改善の余地はなく、鉄道会社もやれることはすべてやっているという状況だ。利用者もそれをわかっているので「仕方ない」と思って利用している。

しかし、地方都市周辺では、国鉄時代からの長いホームがあり、列車密度も高くないのに、ワンマン運転で合理化を図るために2両編成の列車を走らせ、多くの乗客を立たせている路線を多く見かけるようになった。明らかな輸送力不足である。本来なら乗客全員が座って通勤できるはずなのに乗客を立たせている。これでは利用者は納得できないであろう。

ラッシュ時のみ車掌乗務、昼間はワンマン運転の線区も多いが、地方では列車の短編成化が加速し、昼間でも座れない列車が多くなり、地域の利用者が気の毒に思うこともある。車内放送では「座席は譲り合ってひとりでも多くの人が座れるよう」などと放送しているが、鉄道会社は、まず需要に応じた供給をした上で言ってほしいと思う。

さらに、新幹線開通で第三セクター化された路線では、IGRいわて銀河鉄道を例にすると、運賃がJR時代の1・6倍（通学定期では1・7倍）ほどに跳ね上がり、遠い高校に通う子供がいたりすると通学交通費が家計を大きく圧迫するという。北陸新幹線との並行在来線運賃は、JRと同水準にすることを予定しているが、出資している自治体の財政圧迫が予想される。

地方に行っても減らない通学需要

東京や大阪の大都市圏以外では、通勤事情における鉄道の役割は二の次で、自動車通勤の割合が多い。そのため東京のように、通勤や都市内の移動＝電車ということにはならない。しかし、細かく見ていくと東京とは違った事情もある。普段はあまり通勤客のいない列車でも、金曜日はいくぶん列車の利用者が増えたりする。週末の金曜日は帰りに同僚と居酒屋で一杯などということも多くなるので、金曜日だけは自動車通勤を避けて、電車通勤にするという人も多いからだ。

地方と東京・大阪の通勤電車での大きな違いは、地方では退勤の人で混む時間帯は18時台19時台であるのに対し、東京・大阪では終電まで混雑すること。とくに東京の終電は朝のラッシュ時間帯並みに混雑する。それだけ終電ギリギリまで残業に追われている人も多いわけで、東京という都市の異常さも感じる。地方へ行くと、県庁所在地の駅でも、20時を過ぎたら閑散として寂しいくらいになる。駅のレストランも19時ラストオーダー、19時30分閉店などというのは珍しいことではない。「じゃ夕食は何時に食べるの？」と思うだろうが、多くの人は自宅で夕食をとる。東京では20時というと「まだまだこれから」ということになるが、地方ではそうはいかないのだ。

このように、地方都市ではそもそも鉄道で通勤する人の数は減るのだが、減らないのが通学需要である。通勤客が少ない分、通学生の割合は大きくなり、ＪＲのローカル線の中には、ほとんど通学専用の列車だってある。というより、地方の朝の列車はほとんど高校生専用といってもいいくらいに通学需要で支えられている。都会の高校生より地方の高校生のほうが、運動部などに所属する割合が多いのか、毎日の通学が大荷物で、それが混雑に拍車をかけている。

『ＪＲ時刻表』（交通新聞社）を開いてみよう。ＪＲのローカル線には県境を越えて隣の県まで達する路線は多いが、実際に県境を越えて隣の県に達する列車は一日数本しかないのに、県境の手前までならそこそこに列車本数があるという路線は多い。これは何を意味しているかというと、通学列車だと考えていい。東京圏では、東京都に住んでいて神奈川や埼玉の私立高校に通学、またその逆はよくあることだが、地方では他県の高校に進学する例はほとんどなくなる。

昼間は1両ないし2両編成のワンマン列車ながら、朝夕は通学生が大勢いるので3～4両編成とし、車掌が乗務するというのも時刻表から読み取れる。たとえばＪＲ東海では、車掌乗務のディーゼルカーで運転する列車の列車番号は末尾がＤとなるが、ワンマン列車の場合はＣになる。ローカル線でも朝夕は末尾Ｄの列車が多くなる。ＪＲ四国の普通列車では電車、ディーゼルカーともに、ワンマン運転の列車番号は４０００番代になっている。４０００番代ならワンマン、それ以外の数字の場合は車掌が乗務する。同じ列車が途中の主要駅で４０００番代以外の数字から４０００番代の列車に変わる列車もある。これは、その途中駅で通学時間が終わり、その駅からはワンマン運転となることを意味している。

車掌の乗務する通学列車の案内放送は通常の列車と異なる部分も多い。通常の列車では「車内は禁煙です。お煙草はご遠慮ください」となるが、通学列車では「車内はトイレも含めて禁煙です」というアナウンスを聞いたことが何度もある。4月の新入学シーズンは、車内放送で「ドア付近に立ち止まらず中のほうへ」と何度も放送する。新入生にとっては初めての列車通学となり、

秋田県の男鹿線では朝の通勤時間帯には6両編成の列車が走る

ドア付近が混雑すると乗降がスムーズにできないことなどが周知されていないのである。

同じＪＲの路線でも、地方ローカル線に乗車すると、沿線の高校生のために走っているような路線が多いことに驚くのである。

ちなみに、第3章では日本で最も長い編成の通勤電車は15両編成で、なかでも常磐線の快速には普通車ばかりを15両つなげた列車があると記したが、ディーゼルカーの普通列車で最も長い編成の列車はどの路線であろうか？　これはすぐには思い浮かばないのではないだろうか。まあ、需要が多ければ電化するわけで、非電化区間というのはそもそも輸送需要が小さい。その中で編成の長さを競ってもあまり意味がないかもしれないが、最も長くて6両編成である。

ＪＲで６両編成のディーゼルカーが走るのは北から函館本線（札幌から倶知安《くっちゃん》への上りのみ）、男鹿《おが》線（男鹿から秋田への上りのみ）、左沢《あてらざわ》線、信越本線（新津から新潟への下りのみ）、芸備線（広島から三次への上りのみ）のおもにラッシュ時である。札幌、秋田、山形、広島といった県庁所在地への通勤・通学客で混んでおり、６両編成でも立ち客でいっぱいになる。これらの路線、昼間は２両編成程度ののどかなローカル線といった雰囲気だが、朝は６両のエンジンが唸りながら油煙をあげて満員の乗客を運んでいる。通常はこれほどの需要があれば、短い編成の列車でも本数を多くすることで対応するのだが、これら路線は信越本線を除いてすべて単線、すると列車本数には限界があり、１回の列車の編成を長くするしか大勢の乗客をさばく方法がないのである。

鉄道技術は通勤車両から生まれたものが多い

日本の通勤電車事情の最後に、通勤電車の技術的なことも述べておこう。仙台市営地下鉄を紹介した部分で、当初は冷房がなかったと記したが、実は地下鉄の冷房化は東京でも遅く、昭和53年（１９７８）に最初の区間が開業した半蔵門線でさえ、当初は冷房車ではなかった。１９７０年代といえば、毎年夏が近づくと、新聞などに「今夏の通勤電車の冷房率」などが路線別に掲載され、車両冷房化に積極的な私鉄路線などでは70％ほどの車両が冷房化されていた時代である。

東京地下鉄で開業時から車両が冷房化されていたのは平成3年（1991）開業の南北線からで、ずいぶん最近のことなのである。このように地下鉄の冷房化は遅かった。当時は、池袋から丸の内へ通勤するサラリーマンが、普段は丸ノ内線を利用するが、丸ノ内線は冷房していないので、夏の間だけは新宿で乗り継いででも国鉄山手線と中央線を利用する、ということが本当に行われていたのである。

冷房は家庭のクーラーでもそうだが、室内を冷やす代わりに熱気を外に発散させていて、地下鉄の場合、その熱気をトンネル内に充満させることになるので、車両を冷房すると駅がかえって暑くなるという問題があったので、車両を冷房する前に駅の冷房を万全にする必要があった。

その頃の電車は冷房がなくても、熱を発散させながら走っていた。以前の電車は制御方式が抵抗制御といって、架線から得た電気の電流を制御してモーターを動かすために抵抗を通し、制動時も発電ブレーキでは、発電した電気を抵抗に通すことで、制動力を熱エネルギーにして発散させていた。そのため電車の床下には熱源があり、力行しても制動しても熱を出していたのだ。東京地下鉄の路線でも東西線まではこの方式の電車だったが、地下鉄の路線が増えるたびに地中深くなり、この熱をどうやって地上に排出するかが課題であった。

そこで東西線の次に開業した千代田線では、日本で初めて電力回生ブレーキ付きサイリスタチヨッパ制御の電車が登場し、熱を出さない最新の車両となった。サイリスタチョッパ制御は半導体技術の進歩によって、抵抗器不要の制御になったほか、電力回生ブレーキとは、制動時にモーターで発電した電気を他の力行している電車に負荷させてブレーキ力を得るもので、電力の節約にもなる。登場時はこの機器だけで車両全体と同じ価格だったといわれ、当初は地下鉄以外でこの技術が採用されることはなかった。

しかし、そのサイリスタチョッパ制御もひと時代前の技術となり、現在の電気車両はＶＶＶＦ（Variable Voltage Variable Frequency）インバータ制御という、電圧と周波数を制御して交流モーターを使用するのが一般的となった。電力回生ブレーキは当たり前の技術となり、ほとんどの電気車両で採用されている。電力回生ブレーキは、元々は連続する急な坂道を下りる際、物理的に車輪を押さえる空気ブレーキを利用すると、ブレーキシューがすぐに傷んでしまうために開発された技術で、本格的な採用は国鉄時代の奥羽本線福島～米沢間の板谷峠越え電気機関車に装備されたのが最初であった。

サイリスタチョッパ制御に代わり、現在の電気車両の主流となるＶＶＶＦインバータ制御も、最初に導入したのは意外にも熊本の路面電車８２００形で、この車両は試作的意味合いもあり2両の製造にとどまったが、ＶＶＶＦ初の量産車は新京成電鉄８８００形であった。また、国鉄初のＶＶＶＦインバータ制御車両は、すでに引退したが常磐線から千代田線に乗り入れていた２０７系、国鉄初の電力回生ブレーキ付き電車となったのは、中央本線の快速などに使われていた２０１系であった。こう見てみると、電車の最新技術は意外にも通勤電車が最初というのが多いことに気付く。特急車両などに最新技術が使われていそうだが、一般的には定員の何倍もの通勤客を乗せ、それでもダイヤ通りの運転が要求されるほか、地下鉄などは地中深くから一気に高架に上がり、カーブも急なことから、特急車両より通勤車両のほうがタフでなければならなかったのだ。

このほか、昔の電車は冷房電源や車内の照明などの補助電源は架線から得た電気を直接使うのではなく、床下の発電機を回してその電力を使っていたが、現在のように静止型インバータを最初に採用したのは東京都営地下鉄三田線６０００形。現在では当たり前となったオールステンレスの車体を最初に採用したのは東京急行電鉄７０００系。阪神電気鉄道の開発した５００１形は「ジェットカー」と呼ばれるが、これは高加減速性能を持っていたからである。特急列車を速く走らせるためには、普通列車が早めに待避駅の待避線に入る必要があるが、各駅に小まめに停まっては特急に道をあけるための高加減速性能で、まさに縁の下の力持ち的な技術であった。

大阪市営地下鉄御堂筋線10系は第三軌条方式で、トンネル断面が車両の断面とほぼ同じという車両の冷房化を達成した初めての車両であった。家庭用エアコンでもそうだが、エアコンの小型化は目覚ましいものがあって、御堂筋線ではほぼ屋根上に突起物を出さずに冷房化された。当時、室内空間をめいっぱい使っていた寝台車では、冷房の室外機が車両端に集中して配置されていて、同じ要領で車端部に室外機を置き、車内の天井にダクトをはわせ、ラインフローファンを取り付けた。以降、この薄型冷房室外機は地下鉄の冷房車を普及させ、トンネル断面の小さい地下鉄でも冷房するというのが標準になった。

このように、鉄道技術の発達には、過酷な通勤を円滑にするために生まれたものが多く、それが現在では当たり前の技術として広く使われている。通勤電車が歩んできた過程にも思いを向けたいものである。

第6章

発達している東アジアに見る都市交通事情

都市圏の電車は東京と関西を比べても、大都市と地方都市を比べてもいろいろな差があるし、いろいろな問題も多かったが、海外でも同じような問題はあるのだろうか。第6～8章では、海外の通勤鉄道、都市圏鉄道を紹介しつつ、日本のそれと比較検討もしてみたい。「日本とは環境、習慣、物価、賃金などが違うので、海外と比べても意味がない」と思う人も多いだろう。しかし、それが「島国根性」というもので、違う見方をすれば「日本のガラパゴス化」なのである。やはり海外に学ぶべきことはないか、謙虚な姿勢で接してみなければならないと思う。

韓国では目上の人にはすぐ席を譲る

韓国で日本のJRに相当するのは韓国鉄道公社（コレイル）で、韓国鉄道公社が都市圏の列車を運行するのはソウル首都圏のみ。地方にはローカル列車があるものの、運行の主体となるのは高速鉄道などの長距離列車である。日本の大手私鉄に相当するものもない。都市の鉄道は地下鉄中心で、ソウル、仁川《インチョン》、釜山《プサン》、大邱《テグ》、大田《テジョン》、光州《クァンジュ》に各都市で別々の組織が運営する地下鉄がある。

3組織で運営されるソウルの地下鉄は9路線あり、1本の距離が長く、すでに東京の地下鉄総延長を抜いている。1号線は日本技術によって建設、韓国鉄道公社と相互乗り入れする。韓国鉄道公社の路線も元はといえば日本技術によって建設されたので、韓国では鉄道は日本と同じイギ

ソウルメトロでは1号線は左側通行（上）、2号線以降は右側通行（下）

リス式の左側通行である。現在でも新路線を建設しているが、それも左側通行である。

ところが、地下鉄は、ソウルの2号線以降、アメリカ式の右側通行となったため、ソウルでは1号線と他の路線で通行帯が異なる。右側通行の地下鉄4号線は、韓国鉄道公社の路線に乗り入れているので、境界部分で通行帯が入れ代わるという複雑な運行を行う。たとえば、地下鉄の1号線から他の路線、または1号線以外から1号線へ乗り換えると、ホームの使い方が逆になるので「あれっ！」と思ってしまう。韓国では自動車も日本とは逆にアメリカと同じ右側通行である。都市交通もそれに合わせたかったのであろうが、妙な感じである。地下鉄1号線が乗り入れる路線以外にも韓国鉄道公社が運行するソウル都市圏の路線は多く、ソウル首都圏全体でいうと、左側通行4割、右側通行6割くらいの割合になる。

鉄道公社の路線は交流電化なので、相互乗り入れする車両は交直両用車両である。交流電化区間は高圧電流なので、地下鉄車両とはいえ、パンタグラフは多くの碍子《がいし》に支えられている。

車体幅は日本の地下鉄より広く、編成両数も多いので輸送力が大きい。海外といっても日本のお隣なので、地下鉄の雰囲気は日本とそれほど変わらない。改札があり、日本と同じような外観の電車が走り、長い編成で、それが頻繁にやってくる。郊外では地上を走ることが多いというのも日本同様だ。券売機、改札機が普及し、乗客の多くはスマートフォンかタブレットを操作している。住民の足であり、通勤通学になくてはならない交通機関である。

韓国は儒教の影響があるのか、目上の人を敬う習慣が強く、それを地下鉄に乗ると強く感じる。目上の人が乗ってくると席を譲る習慣が根付いていて、あちこちでお年寄りに席を譲る光景を見る。若い人が立つという感覚ではなく、60歳前後の人が乗ってきたら50歳前後の人でも席を立つ。70歳前後の人が乗ってきたら60歳前後の人でも席を立つ。席を譲られたら、「すぐ降りますから」などと遠慮せず、「当然」という態度で座るのが韓国流だ。

車内を物売りも徘徊《はいかい》する。混雑が和らぐ郊外でやってくる。キャスター付きの買い物バッグに商品を詰め、乗客に一礼し、この商品がいかに優れものかを説明して売り歩く。便利グッズのようなものが多く、車内で売りやすいように、1000ウォン（約105円）とか5000ウォン（約530円）などのきりのよい値段になっている。

発展途上国にありがちな、子供がガムを売り歩くといったようなものではなく、ネクタイを締めたビジネスマン風の売り子も多く、一種、不特定多数の乗客がいる車内で商品を売り歩き、度胸をつける営業訓練にも見える。車内でチラシを配ったり、チラシを車内の壁に張ったりということも行われているが、鉄道会社はそれを規制する動きはない。

ソウルの地下鉄路線長は東京を抜いているが――

かつて世界の地下鉄代表格はニューヨーク、ロンドン、パリなどが挙げられたが、現在は地下鉄路線総延長ではソウルや上海《シャンハイ》のほうが長く、東京はこれらの都市に抜かれている。ソウルも上海も地下鉄ができたのは日本よりずっと遅く、ソウルに関しては、元々は日本技術によって地下鉄1号線を開通させ、その後は自国技術によって路線を増やし、東京の地下鉄よりずっと長い路線を運行するようになった。起点から終点まで1時間以上というのはざらで、2時間近くを要する路線もある。

1号線の地上区間や9号線以外では急行や快速がなく、全列車が各駅停車で、利用者1人が乗車する時間も長い。始発駅では、座るために乗客は殺気立っている。とはいえ、前述のように目上の人には席を譲る習慣が浸透しているため、若者が優先席に座ることなど慣例上できず、最初から座ることを諦めている乗客も多い。

そのためか、地下鉄網が整っていても、路線バスが縦横に走り、利用者も多い。日本では銀座線や半蔵門線は都心では青山通りの下を走り、その青山通りには路線バスはあまり走っていない。

ところが、韓国なら次から次にバスが来る。「路線バス」のほかに「座席バス」という定員制のバスがあり、比較的長い距離を郊外から市内中心へ向かう。日本でいえば、混雑する田園都市線や半蔵門線のルートを、鷺沼から大手町方面にバスが次から次に走っているという感覚だ。

地下鉄路線総延長がすでにソウルや上海は東京を抜いていると記したが、実質的な話でいえば、東京の都市交通は世界一の長さで、他の都市が東京の規模を抜くことは将来にわたってないと思う。

ソウルを例にすると、地下鉄の運営会社と日本でいうＪＲにあたる韓国鉄道公社が都市鉄道を運行しているが、韓国には、日本でいう東京急行電鉄や小田急電鉄に相当するものがない。ソウルで地下鉄の路線総延長というと、ほぼ都市鉄道すべての長さになる。東京の地下鉄の路線総延長は東京地下鉄と東京都営地下鉄の合計になり、地下鉄が乗り入れる東横線や小田急線は入っていない。もし、東京の都市鉄道を、地下鉄路線＋地下鉄が乗り入れる私鉄やＪＲ路線の合算とすれば、路線総延長は明らかに群を抜いて世界一になる。

地下鉄路線総延長では、ニューヨーク、ロンドン、ソウル、上海、北京《ペイジン》などが東京より大規模となっているが、これらの都市には大手私鉄がないことも考慮に入れねばならない。

韓国の地下鉄で感心するのは、主要駅のほとんどにホームドアが設置されたことだ。海外でも近年になって、地下鉄が開業した路線では当初からホームドアが設置されている。東京地下鉄で

ソウルでは地下鉄に自転車が持ち込める

いえば南北線からホームドアが採用され、その後古くからの丸ノ内線や有楽町線にホームドアが設置されたが、ホームドア設置のスピードは韓国に比べると遅い。韓国でもホームドアが開業時からあったのはごく一部の路線なので、多くは後からホームドアを設置したが、そのスピードは速かった。

欧米並みと感じるのが、２００９年から時間帯や曜日に制限があるものの、自転車持ち込みが可能になったことである。階段の縁には自転車を通す溝が設置された。日本では駅の放置自転車問題などから、自転車を悪者にする傾向が強いが、アジアでは主要駅に誰もが利用できる公共レンタル自転車が普及し、自転車に対する感覚が日本より好意的だ。アジアでは大気汚染が日本より深刻で、空気を汚さない工夫に努めていることが理由のひとつといえるだろう。

一方、韓国が遅れているのは、エスカレーター、エレベーター、トイレの設置である。新しくできた路線にはこれらの施設が整っているが、古くからある路線、つまり利用者の多い路線においても、エスカレーターやトイレの設置が進んでいない。ホームドアはあってもトイレがない。日本では考えられない組み合わせである。

地下鉄はチャイムもうまくできている。ホームのチャイムは発車時ではなく、間もなく列車が到着という時に鳴る。車内では、自動音声による「次は○○駅～」といった放送が流れるが、次の駅が乗換駅の場合だけ、音楽が一緒に流れる。ソウルの地下鉄は郊外へ長い路線があると記したが、運よく座れると、ついついウトウトしてしまう。そこに音楽が流れると、そろそろ「中心地に近付いたな」と目覚めることができ、心地よく感じる。音楽は全路線で統一されている。

何社にまたがって乗車しても初乗り運賃は1回

日本の都市交通は多くの鉄道事業者が運行し、直通運転を行っていても、運賃は初乗りを何度も払う仕組みである。東京には東京地下鉄と東京都営地下鉄があり、乗り継いで利用すると、割引はあるものの双方の運賃が必要になり、「ちょっとそこまで」が高額になる。日本では「会社が違うのだから仕方がない」と思われているが、海外ではそうとは限らない。

ソウルの地下鉄は3組織で運営されている。1〜4号線がソウルメトロ、5〜8号線がソウル特別市都市鉄道公社、9号線はソウル市メトロ9号線が運行し、地下鉄は韓国鉄道公社の首都圏電鉄と相互乗り入れする。しかし、運賃は統一され、何社にまたがって乗車しても初乗りは1回のシステムになっている。日本のように会社が変わるからといって乗り換え通路に改札口があることも基本的にない。

なぜこのようなことが可能かというと、ソウル首都圏には「首都圏大衆交通統合料金制」があり、鉄道の運賃は最初の10キロがいくら、以降何キロごとにいくらと決まっている。何社にまたがっても距離分の運賃は同じである。空港鉄道（加算運賃はあり）、隣接する仁川市の仁川地下鉄も合わせて統一されているので、たとえばソウル市内の地下鉄駅から、韓国鉄道公社の首都圏電鉄を介して、さらに仁川の地下鉄を利用しても初乗りは1回となる。日本でなら、東京地下鉄〜JR東日本東海道本線〜横浜市営地下鉄といった乗り継ぎに相当する。それでも初乗りは1回である。ソウルの鉄道網で、その路線だけは別料金となるのは、議政府軽電鉄と龍仁軽電鉄の2路線だけ（「軽電鉄」とはLRTのこと）。東京でいうと「ゆりかもめ」のような存在となる。

日本では国や鉄道会社により運賃制度が決まっているが、韓国では利用者本位の運賃制度で、羨ましく感じる。代官山から東横線にひと駅乗って渋谷へ、さらに山手線にひと駅乗って原宿、などというのは、交通費が割高になるが、韓国ではそういった不合理が起こらない。

第2章で私のマイホーム探しの経緯を披露したが、あのようなことも考える必要はない。また、東京では、さまざまな鉄道路線があるものの、運賃のことを考えると「なるべく1社で」すむようなルートを選ばないと運賃が割高になるが、そのようなことを考えずにすむのがいい。

その結果、韓国の交通費は日本に比べてかなり安い。ソウルメトロの初乗り運賃は1150ウォン（約120円）、ICカード利用なら1050ウォン（約110円）、初乗りで比べると日本との差をあまり感じないかもしれない。ところが、距離が長くなったり、複数社にまたがって乗車したりすると日本との差は大きい。たとえば、日本人も多く訪れる明洞《ミョンドン》から、4号線でソウル駅へ、首都圏電鉄で仁川の港にも近い東仁川《ドンインチョン》まで利用すると、2社にまたがり、その距離は38・4キロとなるが、運賃はたった1750ウォン（約180円）、ICカード利用なら1650ウォン（約170円）である。東京で38・4キロ乗車すると、JR東日本1社でも640円（ICカードで637円）なので、東京との差は大きい。

「物価そのものが違う」とお思いの方も多いと思うが、韓国では500ミリリットルのペットボトル飲料が1500ウォン（約160円）というのが多く、食事や宿泊などの物価も日本とほとんど同じであることを考えると、交通費はかなり安く抑えられている。逆にいえば、日本は交通費が突出して割高な国になっている。

アジアにはすでに紙の切符はない

日本でも平成26年（２０１４）４月の消費税率引き上げに伴い、切符の運賃とＩＣ乗車券の運賃が異なることとなった。多くの区間ではＩＣ乗車券を利用したほうが若干安くなるので、消費税率引き上げを境にＩＣ乗車券利用者は増えたのではないだろうか。しかし、ＩＣ乗車券という分野では、日本は決して先進国ではない。アジア各国の都市交通では、すでに紙の切符が存在するのは日本だけとなった。１４５ページの運賃紹介例に「ＩＣカード利用なら」と記したが、これは磁気式の紙の切符と比較しているのではなく、１回乗車券とＩＣカードの比較である（どちらもＩＣ式）。

アジア各国ではＩＣ乗車券、また1回利用にはＩＣチップ内蔵のコイン乗車券が主流だが、そのコイン式乗車券すらなくなる方向だ。韓国の地下鉄に乗車するには「T-Money」と呼ばれるＩＣ乗車券をつくるか、１回の乗車券を購入するかになるが、１回の乗車券でもＩＣ式で、運賃+保証金を払い、乗車後に保証金を返金する手順になるので、旅行者であっても「T-Money」をつく

ソウルの地下鉄では紙の切符を廃止したため改札機はシンプルになった

るのが一般的である。

ソウルの都市交通の改札機には、切符を挿入する部分も、コインを入れる部分もなく、ＩＣ乗車券をかざす部分しかない。改札機は極めてシンプルである。ＩＣ乗車券へのチャージは券売機や、駅には必ずあるといっていいコンビニで行う。その結果、多くの駅に駅員が配置されておらず、合理化策から運賃が安く抑えられているように思われる。券売機などにトラブルがあった場合はインターホン越しに係員と通話する。日本でも名古屋鉄道、ゆりかもめなどに、都会でも駅員無配置という駅があるが、ソウルの地下鉄では基本的に駅員がいない。

都市交通以外でも、韓国は切符のシステムが日本より進んでいる。日本では新幹線は在来線とは改札口が別にあり、いわば在来線より、さらに厳重な切符のチェックがあるが、韓国では高速鉄道を含め長距離列車のホームへの改札口を廃止した。「無賃乗車されるのでは」と考えてしまうが、そう考えるのは発想が貧困であることに気付く。車掌は予約状況の端末を携帯し、売れている席と空席のはずの席は把握できているので、検札は手間取らない。そもそも紙の切符を利用する乗客は少なく、携帯電話などからの予約でチケットレス化が日本より進んでいる。

問題は考え方で、確かに韓国のシステムでは無賃乗車の可能性がゼロではない。しかし、その無賃乗車を防ぐために、日本のような高額な改札機を各駅に設置するのは無駄であるし、結局はそれが運賃に跳ね返ってしまう。

現在のようにＩＣ乗車券や改札機が普及する以前、「キセル」という言葉があったように、鉄道会社は不正乗車に頭を悩ませていた時期があった。週末、千葉や栃木にゴルフに出かけ、帰りは現地で最低区間の切符を買い、自宅最寄り駅では定期券で駅を出るなどの事案が多くあり、テレビニュースでも報道された。

しかし、現在はどうだろう。改札機が普及し、乗車時間などの情報がすべてカードに記録されるようになったので、事実上利用者の不正乗車は不可能である。代わって、昨今ニュースになるのが、駅員の不正である。カード情報などを操作できる立場の人間が不正を行うという手口で、一般人は真似ることができない。カード情報読み取り機などを操作できる立場の人間が不正を行うなど許されないこと。社内のコンプライアンスの徹底が求められる。

日本人の多くは、少なくともアジアでは日本の鉄道がすべての面で最も進んでいると思い込んでいる節があるが、それは大きな間違いである。日本人の多くは気付いていないようだが、韓国人は日本を訪れ、新幹線などの厳重な改札を見て、「そういえば韓国も昔はこんな感じだった」と、懐かしく思っているに違いないのだ。

日本の10年分を1年で建設してしまう中国

中国の鉄道は長距離で利用するもので、山手線のように近距離で利用するものではない。通勤・通学に使うこともない。地方でも役割は同じで、鉄道は遠出の時に使うもので、ちょっとそこまでという使い方はしない。そのため都市鉄道というと、北京、上海などの大都市を運行する地下鉄だけとなる。地下鉄が発達してきたのも近年である。しかし、現在では、北京、上海ほか、多くの地方都市でも地下鉄が開業し、発展のスピードが速く、日本の10年分を1年で建設してしまうという勢いがある。とくに2008年に行われた北京オリンピック、2010年に行われた上海万博を機会に地下鉄路線は飛躍的に延びた。地下鉄を有する都市は広州《コワンチョウ》、南京《ナンジン》、昆明《クンミン》、深圳《シェンジェン》、

上海地下鉄11号線は国産車両で運転

西安《シーアン》、武漢《ウーハン》、杭州《ハンジョウ》、瀋陽《シエンヤン》など。人口が多いので、地方でも日本の大都市並みの人口を抱えるので、地下鉄はあって当たり前という規模の都市ばかりである。

車両も当初は中国製の旧態依然とした、鉄の塊のような武骨な車両であったが、やがて日本やドイツ技術による車両が導入された。現在は近代的な国産車両が多くなり、広州地下鉄3号線のように、地下区間としては世界最速の時速120キロ運転を行う路線や、広州地下鉄4号線や北京の空港線のようにリニアモーター駆動の路線もある。地下鉄路線が飛躍的に整備されたのが近年になってからのことなので、ホームドア完備、乗車券類はIC切符のみで、発展は遅かったものの、近代的な路線が多い。ただし、同じ時期に多くの都市で地下鉄が開業したせいか、どの都市も駅や車両デザインが同じで、中国の地下鉄は金太郎飴状態というのも事実である。それぞれの都市の個性がなく、鉄道ファン的には面白味に欠ける。

都市交通は市の交通局などが一元的に行い、日本の大手私鉄に相当する路線はない。市内中心では地下、郊外では地上を走るが、どこまで行っても運行事業者が変わることはなく、どこかの駅を境に運賃が跳ね上がることもない。一方で、「急行」「快速」といった列車種別がなく、全列車が各駅停車である。大都市への人口集中が激しく、年々都市の規模は拡大し、地下鉄は郊外へ郊外へと延び、郊外では駅間距離が長くなり、終点まではかなりの時間を要する。始発駅などでは、電車のドアが開くと同時に座席めがけて突進する光景を見る。乗車時間が年々長くなる傾向にあり、座れるか座れないかでは大違いなのである。マナーのレベルも低く「降りる人より乗る人が先」という光景もよく目にする。乗車する際に降りる人を待っていると、後の人に押され、混雑した列車から降りる際は、少し強引に降りるようにしないと降りそびれてしまう。

とにかく人が多いというのも中国の特徴、地下鉄といえども主要駅では入口と出口を分けるなどしないと人の流れがスムーズにいかない。日本でも競馬場、サッカー場などの最寄り駅は、混雑時にスムーズな人の流れになるような造りになっているが、これと似た造りの駅が多い。終点駅まで乗っても、そこには路線バスや乗り合いタクシーなどがたくさん待っていて、多くの人はさらに郊外へ向かう。それほどに都市化が郊外に進んでいる。同じ駅を5年後に訪ねてみると、地下鉄はさらに郊外へ延伸され、5年前に終点だった駅の周りは、すでに都市化されているといった状況だ。

日本でも北総開発鉄道（現在の北総鉄道）開業時、終点駅に降りたとき、そこは何もない未整備の地で「これから宅地化が進むのだろうな」と感じたものだが、日本は発展が鈍り、結局開業から何十年経った今でもそれほど雰囲気は変わっていない。それが中国では、「嘘だろ」と思うほどに変わっているのだ。

車を持つと電車は利用しない

中国特有の問題もある。地下鉄はかなり混雑しているが、当局では、なるべく地下鉄・バスなどの公共交通機関の利用を呼び掛けている。交通渋滞、大気汚染、PM2・5などが問題になっているからだ。それほどに自動車が多くなった。そこには中国ならではの事情がある。

日本では郊外に住み、都心に通勤するサラリーマンは、毎日過酷な満員電車に揺られていて、少しでも通勤事情を改善したいと思っているはずだ。時間差通勤をしてみたり、経路を変えてみたり、乗車する車両の位置を変えてみたり、あるいは追加料金を払って着席できる通勤ライナーに乗ってみたりと試行錯誤している。しかし、そのサラリーマンが自家用車を持っていたとしても、自家用車で通勤するという選択はしない。郊外から都心に通勤する人のうち、自家用車を持っている人全員が自動車通勤したら、都心の道路は大渋滞し大変なことになる。

ところが、それが現実になっているのが現在の中国である。日本人から考えると「そんなバカな」と思うかもしれないが、逆に中国人から見ると「じゃ何のために自家用車を買ったのか？」ということになる。中国はかつての最高指導者である鄧小平《とうしょうへい》氏の「富める者から富め」というスローガンのもとに経済発展を遂げたが、長らく発展途上にあり、自家用車の普及率は低かった。それが、経済発展し、自家用車を持てるようになった。ならば、それを使わなくては意味がないという考えがある。しかも中国社会というのは見栄を張る社会でもある。

北京では平日ラッシュ時に走れる自動車をナンバープレートの末尾数字で制限もしたが、効果は今ひとつのようだ。富裕層は自家用車を複数持っているので効果てきめんとはいかないそうだ。

これは鉄道と航空機にもいえることで、中国では空を飛ぶようになった層は鉄道を利用しなくなる。日本のように「東京～福岡間なら航空機、東京～大阪間なら新幹線」とはならず、航空機を利用する層にとっては「鉄道＝古い乗り物」という考えがある。

冷静に考えてみると、このような現象もわからないではない。むしろ「自家用車はレジャーのみに使う」という東京のほうが世界的には珍しい。日本の地方でも、ローカル線は利用者の減少に頭を悩ませているが、地方では自家用車の利用がほとんどで、ローカル線の利用者は高校生やお年寄りなどのいわゆる交通弱者だけである。車社会のアメリカでも、地下鉄やバスを利用するのは自家用車を持てない層や移民が多いというのが一般的で、「車はあっても通勤には使わない」というのは東京や大阪特有の傾向でもある。東京はそれほどに都市の規模が大きい。その結果、東京は旅行客なども都内の移動が便利であるが、たとえば、ロサンゼルスなどは、レンタカーでも借りないと、公共交通だけでは身動きが取れないという都市になっている。

路面電車にしか見えないが鉄のレールがない

こんな事情があるため、中国では

地下鉄や高速鉄道の近代化や延伸を急ぎ、鉄道が古い乗り物というイメージを払拭しようとしている。

中国の大都市における大気汚染はかなり深刻といわれるが、私の見る限りでは、路線バスにおける低公害車普及率などは日本よりも高く、中国も大気汚染の食い止めに努力している様子もうかがえる。しかし、人口が多く、車の台数が急激に多くなっている。「中国では富裕層といってもほんの一握り」と言われるが、全体の人口が多いので、「ほんの一握り」がかなりの数になってしまうのだ。

数の多いバスも、大気汚染を軽減するため、トロリーバスや圧縮天然ガスバスが多く使われていて、大気汚染が進んでいるものの、環境対策を行っている姿勢も多く見受けられ、一風変わった交通機関も走り始めている。中国では以前から都市交通に電気で走るトロリーバスは多く用いられているが、それを発展させた線路付きトロリーバスとでも表現しておこうか。見た目は新型路面電車だが、線路は中央に1本しかなく、その1本の線路はガイドウェイだ。ゴムタイヤで駆動し、道路上を走る。道路上を走るので用地確保が容易で、安い費用で建設できる。走る原理はトロリーバスと同じだが、トロリーバスよりははるかに定時性が確保できそうである。架線からとった電気はガイドウェイに流すので、架線は電車同様に1本ですむ（トロリーバスは2本必要）。

上海や天津《テンシン》で実用化されていて、印象は、走行音は電車、乗り心地はバス、ゴムタイヤ駆動なので勾配に強く、鉄道の高架をくぐる地点で道路はかなりの勾配となっているが、その坂を黒煙を吐くこともなくグイグイと上った。

香港の地下鉄の乗り換えは向かい側のホームが当たり前

同じ中国でも、イギリス統治時代に地下鉄が開業した香港は雰囲気がかなり異なる。当然イギリス技術によるもので左側通行。右側通行の中国本土とは通行帯が逆になる。電車は1両の長さが長く、新幹線1両分ほどの長さがあり、車両と車両の連結部も日本のような貫通路になっているのではなく、連結部分も人が立つことを前提に設計されている。大量輸送に徹した車両だが、これでも終日混み合っている。

香港の人も日本人同様にせっかちなのか、通勤時間帯などはエスカレーターの列を1列あけて、急ぐ人はどんどんエスカレーターを上って行くが、驚いてしまうのはエスカレーターが速いということだ。慣れてしまえば問題ないが、最初は足をすくわれてしまうのではないかと思うほど速く感じた。逆に、香港に何日か滞在して、日本へ戻ってくると、エスカレーターが「ノロい」と感じてしまう。

切符に時間制限のある香港のMTR

香港の地下鉄で感心するのは乗換駅の構造である。たとえば、メインの2本といえば荃湾《ツェンワン》線と勧塘《クントン》線で、これらの路線は油麻地《ユーマティ》、旺角《モンコック》、太子《プリンスエドワード》の3駅を共有し、3駅とも地下の島式ホームだが、3駅とも島式の向かい側のホームには別の路線がやってくる。具体的には油麻地では同じ路線の逆方向の列車、旺角では別路線の同じ方向の列車、太子では別の路線の逆方向の列車がやってくる。こうすることで、乗り換えはすべて向かい側のホームとなる。

駅を出るたびに、地下で線路が輻輳《ふくそう》しているわけで、複雑な工事だったに違いないが、後々のことを考えると、大変便利な交通機関となっている。香港の地下鉄では、他の乗換駅も同じ構造で、接続は「隣のホーム」が基本である。香港では東京でいう赤坂見附での銀座線と丸ノ内線、表参道での銀座線と半蔵門線のような乗り継ぎしかないと考えてもいい。

また、アジアの都市鉄道では、鉄道ファンは注意しなくてはならないことがある。それは、切符に時間制限を設けていることだ。私も駅構内で車両の撮影などをしていて時間が経ち、改札口を出られなくなり、精算所へ行くと「Time over」と言われた経験が香港とシンガポールである。この場合、追加料金が必要で、追加料金はその路線の最長区間の運賃と同じであった。鉄道ファンは、ホームなどに長くいることもあると思うので、最初から1日乗車券など乗り降り自由な切符を利用するのがおすすめだ。

切符に時間制限を設けている理由は、駅構内、車内とも冷房が効いていて、涼む意味で利用する人や、駅構内で勉強をする学生が多いからだそうだ。アジアは受験戦争が日本より激しく、住宅事情がよくないので、冷房の効いた駅構内は格好の受験勉強スペースなのである。

「地下鉄」という分類がない都市も多い

海外の都市鉄道には東京急行電鉄や小田急電鉄に相当する大手私鉄はほとんどない。そのため「地下鉄」といっても日本より地上区間を走る郊外路線となる部分が長く、発展著しいアジアの地下鉄は、「地下鉄」と表現される機会が減っている。アメリカ式に「Subway《サブウェイ》」、イギリス式に実態と合わない。

「Underground《アンダーグラウンド》」「Tube《チューブ》」と表現されることはなく、これらは地下を走るニュアンスがあるので、東京でも東京地下鉄を「東京メトロ」と呼ぶが、ソウルでも地下鉄を運行するうちの一組織は「ソウルメトロ」である。メトロは元々Metropolitanという「都市」を表す言葉で、「都市鉄道」ととらえることができ、地下にこだわる必要がない。香港ではMTR（Mass Transit Railway）、台湾、シンガポールではMRT（Mass Rapid Transit）、バンコクではMRTA（Mass Rapid Transit Authority）と呼ばれ、地下を走るかどうかとは別次元の呼び方である。これらは総称ではなく、鉄道運営会社の組織名に一致し、地下鉄の入口や駅にも「MTR」「MRT」「MRTA」と表示がある。

鉄道ファンは、各国での地下鉄の表現も覚えておいて損はないだろう。韓国では地下鉄は「ジハチョル」といい、何となく日本人には覚えやすい語感だ。中国では「地鉄《ディティエ》」と書くのでこれも覚えやすい。富山地方鉄道のことを地元では「地鉄」と呼ぶが、字はそれと同じである。しかし、中国の北京などと同じ北京語を使っている台湾では「地鉄」という表現はせず、MRTの中国語にあたる「捷運《ジェユン》」が使われている。

アジアの都市交通を利用すると、日本の都市交通のよさも見えてくる。たとえば、地下鉄の座

台北の地下鉄車内。座席はセミクロス配置でもクッションはない

席である。日本でも近年は、以前に比べて座席のクッションが固く座り心地が悪くなったが、それでも日本にはクッションのない座席の車両はない。しかし、アジアでは韓国の一部を除くと、地下鉄の座席はクッションのない、ホームのベンチのような座席が一般的である。

アジアの都市鉄道では、座れたとしても、寛げるほどの快適さはなく、「腰かけられる」程度である。香港では車端部だけクロスシートになった座席、台湾ではセミクロスシート配置の車両もあるが、それでも座席のクッションはない。台湾やシンガポールでは日本製の地下鉄車両も運行されるが、それでも座席にクッションはない。

アジア地域の地下鉄は、日本が最も古くから発達し、アジアに地下鉄ができたのは比較的最近である。

開業当初は距離も短く、クッションのない座席でも仕方ないと思っていたが、近年は地下鉄が郊外へ郊外へと延伸され、1時間以上乗車する区間も増えている。クッションのない座席に座るにしては距離が長くなったと感じる。

クッションのないプラスチックやステンレス製の座席にする理由として、清掃が楽という理由がある。日本の地下鉄車両などの座席が、クッション付きである理由としては、日本の鉄道会社のサービスが高いというよりは、日本人の乗車マナーのよさが影響しているように思える。日本人は公共交通などを汚さず綺麗に使うという習慣が根付いているのだろう。

座席のクッションに関して、韓国だけは別の事情がある。韓国の通勤電車には従来クッションはあった。ところが、2003年に大邱《テグ》で地下鉄が放火され、200人近くが犠牲になるという大惨事となった。この事故を教訓に燃えやすい座席のクッションを撤去したのだが、現在は順次不燃材料を使ったクッションに切り替えられつつある。

香港では鉄道事業者の統合も実現

東京では東京地下鉄と東京都営地下鉄の2つの組織が存在し、運賃が別々で乗り継ぐと割高、乗り継ぎが不便、路線図なども統一されていないなど、不合理な面が多い。平成25年（2013）

には、九段下駅にあった東京地下鉄半蔵門線と東京都営地下鉄新宿線の路線が隣り合っているにもかかわらず、その間を仕切っていた通称「バカの壁」が撤去されるなど、両組織の経営統合も模索されているが、都営地下鉄側の負債が大きすぎるということが統一の壁になっている。

しかし、香港では都市内鉄道の経営統合も実現している。地下鉄が運行をはじめた際は、MTR（港鐵）という組織によって運営がはじまり、一方、香港には中国とつながる鉄道があり、こちらはKCR（Kowloon Canton Railway＝九廣鐵路）が運営していた。「九廣」とは香港の中国大陸側にある「九龍《クーロン》」と中国の広東（廣東）省広州を結ぶという意味である。MTRは純然たる都市内鉄道で、通勤路線を運行、KCRは香港と広州を結ぶ長距離列車や貨物列車を運行していて、MTRとKCRは、同じ鉄道会社といっても、運行している列車は異なるものであった。

ところが、香港の大陸側の都市化が進み、かつて非電化だったKCRも香港領内側を電化し、通勤電車が走る路線へと変わっていった。それまではディーゼル機関車が引く客車列車が1～2時間に1本程度の運行だったものが、電化によって、通勤電車が数分に1本運転される路線へと変わり、途中駅ではMTRとも接続された。しかし、会社が別だったので運賃などは別体系であった。

そこで2007年、KCRの近郊路線部分をMTRに経営譲渡する形で両社は統一された。現

香港の通勤路線では「頭等」という１等車を連結

在では香港の鉄道はＭＴＲの路線だった地下鉄、ＫＣＲの路線だった近郊路線、さらに空港鉄道や新界にある軽鉄道と呼ばれる新型トラムなどがＭＴＲによって一元的に運営され、乗り継ぎや運賃面でもスムーズに利用できるようになった。

日本では鉄道会社が多く、会社が変わるたびに改札口が異なることに慣れてしまっているので、統合後も、日本人は香港で少し戸惑ってしまうことがある。それは、異なる路線へ乗り換えるのに、途中に改札などがなく、気がついたら別路線のホームに立っているので、逆に妙な気持ちになることがある。東京地下鉄丸ノ内線のホームから、エスカレーターで上へ上へと進んだ結果、ＪＲ東海道本線のホームに立っていた、という感覚であろうか。

香港では、空港鉄道も合理的にできていて、空港に到着する電車は空港ターミナルの出発階と同じレベルに到着し、空港を出発する電車は空港ターミナルの到着階と同じレベルを出発し、改札は乗車時か下車時の1回しかない。それを考えると、日本は出発地から目的地までの間に改札機が多すぎるのではないかと思う。運賃体系を単純化し、改札を減らすことで経費を削減するという発想はないのだろうか。

KCRからMTRになった路線の電車には日本のグリーン車に相当する「頭等」という車両が連結されている。12両編成の電車のうちの1両で、クロスシート座席にはクッションもある。香港でも座って通勤したいという需要があり、日本の東海道本線や東北本線のグリーン車と同じ感覚で利用されている。料金は車両入口、あるいは普通車から「頭等」車両に移動する車内通路にICカードをかざす機械がある。これに比べると、JR東日本では普通列車のグリーン車には専任の乗務員がおり、合理化が進んでいないような気がする。

並行在来線問題があるのは日本だけ

台湾の都市交通事情は日本と似ている。台北《タイペイ》と高雄《カオシュン》に地下鉄があるほか、日本の旧国鉄に相当する台湾鉄路局の普通列車も都市周辺では通勤列車として活躍している。台湾の普通列車には「区間《チューージエン》」と「普快《プークワイ》」がある。「区間」と「普快」の違いは停車駅の差ではなく、「区間」は冷房付きの普通列車、「普快」は冷房のない普通列車だが、「普快」は台湾全土でもすでに数えるほどしか残っていない。日本のような通勤ライナーは運転されていないが、鉄道運賃は諸物価に対してかなり安く、日本でいう川崎〜東京間程度の距離では、急行列車に相当する「呂光《ジューグアン》」にも通勤・通学客が乗車し、朝、台北などに到着する急行列車はデッキにまで乗客が溢れていることが多い。

そのようなことから、特急列車に相当する「自強《ズーチャン》」では「無座」と呼ばれる、日本でいう立席券での乗車を認めない措置までとられている。いずれにしても台湾では鉄道は運賃が安く、庶民の交通機関である。

車両も日本と酷似していて「区間」と呼ばれる普通列車は、トイレのあるロングシート車両が多く、たとえば、台北から高雄までを普通列車ばかりを乗り継いでたどることも可能だが、東北本線を普通列車で北上しているような気分で、鉄道旅情というよりは、都市が近付いては通勤・通学客が増えては減りの繰り返しとなる。地方都市周辺でも鉄道が通勤・通学に活躍しているというのも日本同様である。ただし、アジアの通勤電車の多くは座席にクッションがないと記したが、台湾鉄路局の普通列車の座席はクッション付きである。

台湾の鉄道は日本と酷似している部分が多いが、正確には昭和時代の日本の鉄道に酷似しているといったほうが正確である。そして、現在の日本の鉄道は、そこからよくない方向に向かった

台湾では国鉄にあたる鉄路局も通勤輸送を行う。
右は韓国製、左は日本製電車

のではと思うこともある。それが並行在来線問題である。

日本では新幹線が開業すると、並行在来線は第三セクター化されてしまう。大都市間の移動はスピードアップが図られるが、その陰で地域の鉄道は犠牲になる。新幹線がやってきた地方都市では、東京など大都市とのつながりは利便性が増すが、毎日の通勤・通学は運賃が高くなるなど問題が多い。

近年は並行在来線問題が多くなったせいか、北陸新幹線と並行する第三セクター鉄道では、定期乗車券価格をＪＲと同水準にすると発表しているが、ＩＧＲいわて銀河鉄道を例にすると、高校生の定期乗車券はＪＲの１・７倍の価格である。

それでは日本技術によって高速鉄道ができた台

湾においてはどうであろうか。世界には高速鉄道は数あれど、ヨーロッパ、韓国、中国も含めて、その多くは在来線も高速鉄道も標準軌という国がほとんどであるが、台湾だけは高速鉄道が標準軌、在来線が狭軌である。日本同様に在来線と高速鉄道は別の線路で、ホームや改札も別である。日本と酷似した状況だ。ならば並行在来線はどうなっているのだろうか。

ところが、日本の新幹線と似ている台湾の高速鉄道だが、運営の仕組みは日本とは異なり、好ましい結果で高速鉄道開業となっている。それは、在来線は従来通り台湾鉄路局が運行し、高速鉄道が台湾高速鉄道という別組織が運行していることである。新幹線ができると在来線は第三セクター化などといったことは起こりようがない。

高速鉄道開業によって、むしろ在来線は高速鉄道が通っていない地域への直通運転を行ったり、特急列車を多くの駅に停車させたり、増発したりと、高速鉄道と対抗している。高速鉄道開業で在来線が活気づいているとさえ思える。普通列車も高速鉄道開業以前と同じ運行で、運賃が上がるといったことも起こらない。遠くへ行く場合の交通機関の選択肢が増えただけで、地域の鉄道は何も変わっていない。

台湾は九州ほどの面積だが、日本に例えると、九州新幹線開業で、在来線はそれに対抗し、大分発小倉、博多経由由熊本行きや、大分発宮崎、鹿児島中央経由由熊本行き特急を走らせていると思えばいいだろう。

台湾の状況を見ると、日本の状況は「おかしい」と思わざるを得ず、台湾が羨ましくも思える。また、日本も国鉄民営化時に、新幹線だけを民営化するなどの手はなかったのかなと真剣に思ってしまう。

世界各国で高速鉄道が建設されているが、かといって日本のように並行する在来線が廃止、または地域だけの鉄道になってしまうという例はなく、どの国も速さだけを優先するのではなく、線路がつながっていることを有効に使っている。鉄道が鉄道らしく運行しているように思う。

第7章　東南アジアでは都市鉄道整備は急務

近年、東南アジアでも地下鉄などの都市交通インフラの建設が進みつつあるが、まだまだ整備されているという状態ではない。整備しようにも、整備するスピードの何倍もの速さで人口が増え、市街地が拡大しているという都市も多い。また、地下鉄建設などの都市交通を整備するには、莫大な費用が必要で、先進国の援助などがなくては整備が進まないといった状況もある。仮に東京規模の大都市に、地下鉄を2〜3路線建設しても「焼け石に水」である。そこで、時間とお金のかかる地下鉄建設よりもLRTなどの中規模な鉄道、あるいは、とりあえずは路線バスを専用レーンに走らせるなどの「すぐできる対策」のほうが効果的な都市もある。

バンコクは人口1500万人に対し、地下鉄が1本だけ

交通渋滞が激しいことで有名なタイの首都バンコクに初の地下鉄ブルーラインが開業したのは2004年で、MRTAが運行する。バンコクにはそれまでにもBTS（Bangkok mass Transit System）のスカイトレインという高架鉄道が2路線あった。

切符は、1回の利用の場合はICチップ内蔵のトークン、ICカードを利用すると運賃は2割引になる。

日本同様に困った状況なのは、BTSは2路線、MRTAは1路線しかないのに、運営組織が

バンコクのBRTは渋滞を尻目に専用道をバスが行く

異なるため、運賃、改札も別、接続するポイントでもそれぞれに異なる駅名と、連携がまったくない。それでもこれら路線は、バスよりかなり割高な運賃であるものの、道路渋滞の激しいバンコクにおいては、数少ない時間の読める交通機関として重宝されている。

こんな地下鉄ブルーラインの駅通路の壁に日の丸を見つけたので近寄ってみると、日の丸とともにタイの国旗も掲げてあり、タイ語、英語、日本語の表記があった。「この碑板は、M・R・T・チャルームラチャモンコン線の建設に際し、日本国政府が国際協力銀行を通じてタイ高速度交通公社に行った資金協力に対する感謝の意を表して設置されました」とあった。ブルーラインは日本の円借款によって建設された。円借款とは日本のODA（Official

Development Assistance＝政府開発援助）で行われるもの。円で貸し付けるため、日本企業を使うことになり、建設には多くの日本企業がかかわっており、軟弱な地盤のため難工事だったという。

バンコクといえばアジア屈指の大都市で、人口は８００万人、周辺都市を加えた実質的な人口は１５００万人といわれ、その規模に対して高架鉄道2路線と地下鉄1路線ではあまりに少ない。高架鉄道のうち1路線はチャオプラヤー川を越えて、川の西側に達しているが、まだまだ郊外に達している通勤路線とはいえず、日本でいえば山手線の内側だけを都市内鉄道が走っているといった規模である。

ＭＲＴＡでは2路線目となるパープルラインを建設中で、こちらは地下鉄ではなく高架路線になり、バンコクでは現在あるブルーラインの延伸計画はあるが、新たな地下鉄計画はない。地下鉄建設となれば莫大な費用が必要で、工事期間も長くなり、そう簡単にできるものではない。一方で都市への人口流入は速いスピードで進み、都市交通の整備は急務である。すると地下鉄などより手っ取り早くできる高架鉄道、モノレール、あるいは、専用レーンを走るバス（ＢＲＴ＝Bus Rapid Transit）のほうが現実的となる。バンコクでもＢＲＴが開業し、こちらは地下鉄に比べてはるかに低コストで、建設期間も短くて済む。ＢＲＴは同様の理由で各国に増えていて、インドネシア、トルコ、メキシコなどでも活躍している。BRTは専用道といっても、しょせんバスなので輸送力に限りがあるが、応急処置としては効果があるようだ。

タイ特有の事情で地下鉄が空いている

バンコク、そしてタイ唯一の地下鉄であるブルーライン、利用してみると思いのほか空いている。昼間は座れる程度、ラッシュ時でも楽に乗車できる程度しか利用者がいない。交通渋滞の激しい都市で、さぞ地下鉄も混んでいるかと思うとそれが違う。都心部の地下を走るので、利用しにくいということでもなさそうだ。香港やシンガポールでは、外は湿気と暑さでも、地下鉄は冷房がガンガンに効いているので、涼みに利用する人も多く、地下鉄の切符には時間制限を設けなくてはならないほどなのに、同じく寒いほど冷房が効いているバンコクでは意外なくらい地下鉄は空いている。

地下鉄が空いているのにはいくつか理由がある。以前、京都市営地下鉄でも同じことがいえた。京都市営地下鉄が烏丸《からすま》線だけで、まだ近畿日本鉄道と相互乗り入れを行う前は、烏丸線は意外なくらいに空いていた。京都では市電が廃止され、地下鉄はその代わりを果たすはずだったが、地下鉄が路面電車のように市内を縦横に走ることは無理だし、地下鉄は路面電車のように道路から

バンコクでは高架鉄道2路線と地下鉄1路線が運行中

気軽に利用できない。すると、大都市に地下鉄が1本だけできても、意外なほど役に立たないもので、ほとんどの利用者は目的地に行くのに地下鉄だけではすまない。地下鉄を降りてからバスなどに乗り換えねばならず、それなら最初からバスを利用したほうが安上がりとなる。

バンコクでは以前路面電車が走っていたわけではないが、これと同様のケースにあたる。そもそもタイでは「ちょっとそこまで」という時もタクシー、トゥクトゥクという三輪車のタクシー、もしくはバイクタクシー（バイクの後部座席に乗る）などを利用する。コンビニエンスな交通機関がいくらでもあり、これらの交通機関なら乗りたいところから目的地まで行くことができる。地下鉄の駅まで行き、地下深くに降りて電車に乗って、さらに下車した駅から再びバスに乗るなどということはしない。また、タイの人は驚くほど歩かない。およそ歩くのは5分以内で、それ以上なら前述のバイクタクシーなどを使う。「健康のため歩く」などという意識は低い。

バンコクでは現在、地下鉄の延伸計画、高架鉄道の延伸計画、そして新たな高架鉄道の建設が進められているが、それらが完成し、ネットワークがある程度充実しないと、現在ある地下鉄も威力を発揮できない事情がある。

さらに、日本でそんなことをしたら大混乱！　と思えそうなのは、地下鉄乗車時に行われる荷物検査である。中国本土と、バンコクの地下鉄駅の入口で行われている。大きな荷物はX線検査装置を通し、バンコクでは人間は金属探知機のゲートもくぐる。空港で行われるような厳重なものではなく、ゲートをくぐるといっても、携帯電話や小さなバッグは持ったままで、荷物も詳しく調べられることはなく、この荷物検査によって多くの時間を費やしてしまうことはない。チェックする側の勤務体制なのか、早朝などは行われていなかったりする。おそらく形式的なもので、「地下鉄はテロなどを警戒してますよ」とのサインと見るべきであろう。また、バンコクで荷物検査が行われているのは地下鉄のみで、高架鉄道では行われていない。

この荷物検査は、中国では改札機に入る直前で行われているが、バンコクでは地下道の入口で行われている。バンコクは交通渋滞もひどいが、交差点の信号などが整備されていないので、地下鉄の地下道は道路の反対側へ渡るときにも利用される。地下道の入口で荷物検査があるので、道路の反対側に渡るにも荷物検査になってしまう。

地下鉄に乗るのに荷物検査をしなければいけない時代に憂いを感じる。

日本と酷似しているクアラルンプールの通勤路線

マレーシアの首都クアラルンプールには、都市交通として地下鉄、高架鉄道、モノレールがある。運賃制度はバンコク同様に問題があり、切符はIC内蔵のトークン使用で近代化は進んでいるが、地下鉄、高架鉄道、モノレールはそれぞれを別の事業者が運営し、切符も別々である。日本とも共通した問題点と思えるが、クアラルンプールの場合は全体の規模が小さいのに3事業者がバラバラの運賃なので、日本以上に不合理を感じる。

3つの都市交通に加えてKTMコミューターという、ずばり通勤鉄道がある。KTMとはKeretapi Tanah Melayuの略でマレー鉄道を意味する。そのKTMが運行するクアラルンプール近郊の通勤鉄道である。2路線があり、それぞれの路線は30分間隔、両路線が交わる中心部では15分間隔の運行になる。

クアラルンプールのKTMコミューター。右は南アフリカ製、左は中国製電車

国産車両はなく、当初はオーストリアから、その後は南アフリカ共和国から、さらに韓国から輸入、ここまでは３両編成の電車だったが、現在は中国製６両編成の電車が多くなった。座席タイプは日本に似た過程を経ており、当初のオーストリア製はクロスシート、南アフリカ製と韓国製はロングシートとなり通勤色が濃くなるものの、評判がよくなかったのか、中国製では号車によってロングシート車両とクロスシート中心の車両になっている。マレーシアでも通勤車両は、座席のタイプに苦慮している様子がうかがえる。

ＫＴＭではクアラルンプール〜イポー間に韓国製電車による都市間特急列車を運転しているが、この車両はラッシュ時に日本の通勤ライナーのような運用が行われていて、これも日本と酷似している。朝の通勤時間帯にこの通勤ライナーをのぞいてみると、乗客は中国系のビジネスマンを多く見かけ、マレー系の多いマレーシアではあるが、中国系住民が経済的に豊かであることを垣間見ることができた。

沿線にも日本と共通する光景を目にした。一方の路線の北の終点バトゥケーブスは、その名の通りバトゥ洞窟という意味で、ヒンズー教の聖地といわれる寺が小高い岩の上にあり、さらに洞窟になっている。マレーシアは多民族国家で、イスラム教のマレー人が最も多く、続いて中国系、3番目にインド系の民族となる。バトゥケーブスの駅を降りると寺までは参道になっていて、マレーシアではあるが、インドにいるような雰囲気になる。いかにもインドを思わせる音楽が鳴り響き、インドの寺と同じような仏像があちこちに置かれていて、売ってもいる。

ここへ来ると感じるのが、KTMコミューターはその名の通り、通勤鉄道であるが、参拝客輸送を兼ねていて、日本の鉄道とも相通じるものを感じる。日本でも京浜急行電鉄大師線は川崎大師参拝客輸送のためにできた路線である。京成電鉄だって元々、東京から成田山新勝寺参拝客輸送の目的で建設され、かつては京成上野〜京成成田間に特急「開運号」が運転されていた。鉄道は庶民の乗り物で、社寺参拝客の輸送を目的に建設された路線は多い。そしてマレーシアでも同じことが行われていたことに、日本人として親近感を感じた。

マレーシアでも女性の社会進出が進んでいる

女性専用車比率の高いＫＴＭコミューター

ＫＴＭコミューターは女性専用車両比率が高い。３両編成中１両が、６両編成の車両は中間２両が終日女性専用車両で、女性警官が同乗、たまに悠然と乗ってくる男性客を追い払っている。編成中３分の１が女性専用になり、女性専用車比率が高い。それも終日行われているので、混雑する駅では、乗車しようとしては右往左往する男性客をよく目にする。

女性の乗車マナーにも独特なものを感じる。女性が座っていたとして、その女性が降りる際、近くに同じ民族の女性が立っていると、その人に、ここがあきますよと声をかけて立つ習慣がある。このような光景を目にするのは、その女性がマレー系の人の場合だけで、中華系の人同士ではこのような習慣はないようだ。中国では日本並みに地下鉄が混雑しているものの、女性専用車がない。近年はジャカルタでも元日本の通勤電車に女性専用車両が登場しており、やはりイスラム圏は男女を分ける習慣がある。

女性専用車両は一部の国にしかないが、優先席は各国で採用されている。日本同様に優先席「プライオリティー・シート」とすることが多く、漢字の国では「博愛座」と書く。優先席でお国柄が出るのはタイの地下鉄やスカイトレインで、優先席はお年寄り、妊婦、体の不自由な人の優先席で、ここまでは万国共通だが、タイでは僧侶も加わる。タイと似た状況だったのはミャンマーの近郊列車で、一部の座席にロープが張ってあり、そこに座れるのは、やはりお年寄りと僧侶だった。

習慣の違いから日本人が閉口してしまうのが、アジア地域の鉄道における冷房の効き過ぎである。車内はキンキンに冷え切っている。アジアで「弱冷房車」があるのは韓国のみである。

香港や台湾などは、日本のような冬の寒さはないが、それでも冬になるとけっこう涼しい。にもかかわらず一年中冷房を使用している。短時間の乗車であれば、外を歩いてかいた汗が乾いていいが、それ以上の乗車となると寒さ対策が必要なほどに冷える。最初は「涼しくていいや」と思っても、ある程度時間が経つと、外の暑さが恋しくなるほどに冷えている。ステンレス製掴み棒も冷えきっている。なぜここまで冷やさなければならないのか？　エネルギーの無駄遣いでエコロジーにも反する。

しかし、バンコクなどを何度か訪れるうちに、その理由がだんだん理解できるようになる。現在でこそバンコクの路線バスも冷房車が多くなったが、アジアの路線バスでは、一般車と冷房車では運賃が違い、当然冷房車の運賃は高い。高い運賃をとる以上は冷房がしっかり効いている必要がある。地下鉄運賃は路線バスなどより高く、そこにはホームや車内はすべて冷房完備という理由もある。冷房の手を抜くことができない事情がある。

台湾では鉄道の普通列車の種別が冷房車と非冷房車で分かれていて、運賃が別建てになっていたほどである。

東南アジアは一年中日本の夏のような気候である。すると、普通に生活していると一年中半袖で過ごすことになるが、長袖など、厚着をすることが一種のいい生活のシンボルになっている。少し寒めの地下鉄に乗って、１枚上着を羽織るのが、楽しみのひとつになっているのだ。

近代化の進んだシンガポールのＭＲＴ

シンガポールのＭＲＴは１９８７年に最初の区間が開業し、さまざまな面で先進的で、切符は早い時期から紙の切符を廃止、カード式のものをリサイクル利用していた。リサイクル利用するため、切符を折り曲げたり紛失したりすると罰金が科せられた。そのカード式の切符には広告が入れられており、広告収入を得ていた。現在はＩＣ式になり、カード式（磁気式）の切符も姿を消した。1回の利用でも保証金が必要で、使用後に返金されるが、日本人観光客などにとっては不便に思えるシステムだ。しかし、後に韓国でもこの方式が採用され、今後このような都市は増えていきそうである。

接続駅の構造は香港に似ていて、近年できた新しい路線を除くと「乗り換えは向かい側のホーム」が基本である。多民族国家であることから、当初から案内表示は英語、中国語、マレー語、ヒンズー語の4言語表記であった。都市鉄道のうち3路線はＳＭＲＴ（Singapore Mass Rapid Transit）トレインズ、1路線はＳＢＳ（Singapore Bus Service）トランジットが運行、いわば東京の地下鉄のように2事業者が運行にあたるが、運賃は通し運賃で、日本のような不合理はない。

先進的な部分が多いシンガポールのＭＲＴ、観光客にも使い勝手がいいかというと「それほどでもない」というのが正直なところだ。シンガポールのリピーター共通の思いであろう。その理由は、観光客がよく訪れるところをうまく結んでいないということ。観光スポットのそばを通っているが、だいたいは駅から少し歩かなければならなかったり、駅と駅のちょうど中間だったり

シンガポールの地下鉄は接続駅近くで線路が複雑に交差して、向かいのホームで乗り換えられる

ということが多い。現在のマレーシアへの国際列車の出る駅は地下鉄ではアクセスできず、以前の駅も地下鉄駅から遠かった。チャンギ空港にも達しているものの、同じホームとはいえ市内中心からは乗り換えとなる。

日本からシンガポールへ飛ぶと、深夜に到着する便も多いが、到着して入国審査をし、荷物を受け取るとちょうど終電が行った後となる。「もう少し観光客のことを考えてくれればいいのに」という部分が多いのだ。

しかし、これには理由があり、MRTはシンガポールに住む人の通勤・通学第一義に運行されている。日本以上に通勤・通学は公共交通機関でという意識が高い。多民族国家、教育水準の高さなどから移民が多く、ここのところ人口が増加している。郊外では高層住宅が年々増えている。なかには富裕層も多く、自家用車も多く普及しているが、シンガポールは面積が狭く、自家用車が増加すると狭い国土は車で埋め尽くされ、渋滞と大気汚染で収拾がつかなくなる。そこで車の増加を抑制するために、新車購入は日本の3倍の価格になるほどに税金が課せられている。シンガポール国内では、一年間に登録できる新車台数が決められているので、ある一定数以上の登録はできない仕組みだ。

そのため、シンガポールでは自家用車を持つ人は経済的にかなり余裕のある層に限られる。多くの住民は集合住宅に住んでいるが、この国では集合住宅ごとに自動車を保有し、そこに住む人たちで自動車を共用するカーシェアリングが発達している。レジャーなどで自動車を使いたい場合は事前予約して利用する。

こういった政策のため、シンガポールでは、よほどの人でない限り自動車通勤はない。市内中心部では、時間帯によって、1人、2人といった少人数しか乗っていない車は通行できず、これに違反すると罰金というシステムである。タクシーにも適用され、客が1人の場合は通行料が科せられる。これでは、実質的には自動車通勤を禁じているも同然である。しかし、こういった規制の効果があるのか、シンガポールでは大規模な渋滞に巻き込まれた記憶がない。市内～空港間をタクシーで飛ばした経験もあるが、気持ちいいほどに順調に走る。

そして、ここまで自動車を規制するからには、公共交通がよほどしっかりしていなければならない。MRTやバスのシステムはしっかりしていて、とくに通勤・通学対策に力を入れている。路線バスも住宅地から市内中心地へ直行する急行バスが多く運行され、多くが定員の多い2階建て車両だ。市内中心地では小まめに停車するが、あるバス停を過ぎると30分くらいどこにも停まらず郊外の住宅地に直行する。混雑の激しい地下鉄路線では、早朝出勤を促すため、早朝時間帯の運賃割引や、試験的に運賃の無料化まで行い、通勤時の混雑緩和に努めている。

ペットボトルの水もNG!

香港、台湾、東南アジア諸国の地下鉄で、日本人が最も注意しなくてはならないルールが、駅や車内での飲食禁止である。ジュース、菓子類まで禁止されているほか、これらの国は一年中暑い国であるにもかかわらず、ペットボトル飲料まで禁止、車内だけでなくホームのベンチに座って飲むのも禁止なので要注意である。およそ改札口を入ってから改札口を出るまでは、何も口にできない。日本の電車内での「携帯電話での通話はご遠慮ください」といった「お願い」ではなく、明確に禁止されていて、違反すると罰金対象になる。

飲食禁止の理由は定かではないが、台北地下鉄の車内にあるテレビモニターでこんな地下鉄運営組織作成のCMを見たことがある。車内で飲食し、食べ残しやゴミを散らかすと、虫がよってくるというものであった。おそらく習慣的にゴミをゴミ箱に捨てない人が多いのかもしれない。こういったルールは香港、シンガポールで始まり、台湾などに波及したが、近年では北京の新路線にまで及んでいる。都市鉄道が郊外へ郊外へと延伸された結果、長い時間乗車することもあるので、水分も補給できないというのは厳しいルールに感じる。

このほか、シンガポールでは果物のドリアンの持ち込み禁止といったルールもあり、車内にはイラストでそのことが表示されている。ドリアンは匂いがきついというのが理由である。クアラルンプールのKTMコミューターにもさまざまな禁止事項が車内に掲出されていたが、男女が車内でキスをしたりイチャイチャしたりすることを禁止する表示もあった。イスラム国家ならではの表示である。

一方、携帯電話での通話を「ご遠慮ください」としているのは日本だけである。台北の地下鉄車内で「車内での携帯電話は短めに」「なるべくメールを利用しましょう」というポスターを見たことはあるが、どこの国に行っても携帯電話で通話している人はことのほか多く、車内はかなり騒がしい。そのため、イヤホンとマイクを使って通話している人の比率が日本よりずっと多い。ほとんどの人が、電車内で通話するのは当たり前といった感じで、小声で遠慮がちに通話する人

クアラルンプールのKTMコミューター車内には禁止事項がずらり

はいない。大多数の人が「移動中に通話できるのが携帯電話のメリット」と思っているようだ。

日本と異なるのは、車内での飲食など禁止事項が多いが、かといってそれを車内放送で頻繁に放送などは行っておらず、車内に禁止事項が文字とイラストで表示されているだけである。

日本では主要駅を発車するたびに「携帯電話をお持ちの方にお願いします。車内ではマナーモード……」と肉声による放送がある。JR東日本では自動音声による放送なので、いくぶん和らぐものの、肉声で何回も同じことを聞かされるとうんざりする。一方で「現在何々線は止まっています」などの大事な放送は、その路線の乗換駅到着直前になって放送し「詳しくは駅の案内板を……」などという放送をしている。何ともバランスが悪い。

また、最近日本でうっとうしく感じるものに、駅の発車チャイムがある。駅ごとにメロディーが異なるのが個人的には耳障りに感じる。なぜ駅ごとに違うメロディーを使わなくてはならないのかわからない。ある駅で特徴あるメロディーのチャイムにすると、各社各駅で「じゃあ、うちの駅も」という感覚でさまざまなチャイムになったのではないかと思っている。しかし、駅ごとに違うメロディーを聞かされるのはうんざりで、私の場合、電車に乗ると、思わずヘッドホンステレオの音量を大きくしてしまう。

東京の中古通勤車両が活躍するジャカルタの通勤電車

インドネシアの首都ジャカルタには都市内の鉄道はないものの、郊外からの通勤鉄道があり、近年は東京などで使われていた通勤電車が多く再利用されている。鉄道施設は古くからあり、宗主国オランダ技術によって建設、古くからジャカルタ〜ボゴール間は電化もされていた。１９７６年には日本から電車が輸出されたこともある。この頃はまだ東南アジアでは地下鉄や都市内を走る電車は運行されていなかったので、インドネシアは、アジアではむしろ鉄道が発達していた。しかし、その後は都市交通が発展しないまま都市だけが拡張していった。

状況が変わったのは１９８１年、国際協力機構（ＪＩＣＡ＝Japan International Cooperation Agency）が、ジャカルタ大都市圏鉄道輸送計画を作成、円借款による政府開発援助として、ジャ

ジャカルタを行く元東京急行電鉄8500系。目立つスカートは警戒色

カルタ近郊線約１５０キロの鉄道施設近代化を図るジャボタベック鉄道プロジェクトが推進され、線路の高架化、駅の近代化などが行われたことによる。そして、ある程度、駅や線路施設などの受け入れ態勢が整った２０００年から、今度はその路線を走る車両として、東京などで不要となった通勤車両が大量に導入されたのである。

　これらの鉄道が走る地域は、ジャカルタ(Jakarta)に加え、周辺のボゴール（Bogor）、タンゲラン(Tangerang)、ブカシ（Bekasi）の3市にまたがっていることから、この通勤鉄道は、それぞれの頭文字をつなげコミューター・ジャボタベック(Jabotabek)と呼ばれ、路線もジャカルタとこれらの都市を結んでいる。

　２０００年に東京都営地下鉄三田線６０００形72

両が譲渡され、その後は導入順に、JR東日本京葉線103系16両、東京急行電鉄東横線8000系24両、東京急行電鉄田園都市線8500系64両、東京地下鉄東西線5000系30両、東葉高速鉄道1000形（元東京地下鉄東西線5000系）30両、東京地下鉄有楽町線7000系40両、東京地下鉄東西線05系80両、東京地下鉄千代田線6000系130両、JR東日本常磐線203系（東京地下鉄千代田線乗り入れ用）50両、JR東日本埼京線205系180両、そして2014年にはJR東日本横浜線205系170両が海を渡っている。

これらの車両は中古車両として無償譲渡されていて、輸送費のみインドネシア側が負担している。日本側としては、すでに地方私鉄なども車両の近代化は一段落しており、まとまった数の転出先がなく、廃車するにしても解体費用が必要である。それなら、まだまだ使える車両なので、活用法があれば使ってもらうに越したことはないという思いであろう。

日本からジャカルタに渡った車両は、なるべく日本で運転されていた時と同じ状態で使われていて、「都営」を示す緑の東京都のマーク、「優先席」表示、車内に掲げられている路線図、行先表示も日本にいた時のままである。性能のいい「日本製」の証として残しておきたいらしい。

一方、改造されている部分もある。運転席の窓には金網が張られ、沿線の子供による投石から窓ガラスを守っている。前面には大きなスカート（排障器）が付き、オレンジや黄色のなるべく派手な色が塗られている。線路は日常的に人が歩く道として利用されているため、遠くからでも列車の接近がわかる警戒色が電車の前面に必要なのだ。

改造車両もある。元東京都営地下鉄三田線６０００形で、この車両は日本でも秩父鉄道や熊本電気鉄道に払い下げられていて、それら日本のローカル私鉄に譲渡した時点で中間車が多く余っていた。そして、それもインドネシアに譲渡したため、インドネシアでは先頭車が足りなくなってしまい、現地製の運転台が取り付けられた車両がある。日本のＪＲローカル線やローカル私鉄でも行われている「先頭車化改造」のインドネシア版である。前から見るとインドネシア的デザイン、側面から見ると日本的デザインの車両がある。

すでに最初の車両が譲渡されてから10年以上が経ち、ジャカルタでは元東京の通勤電車がすっかり馴染んだ感もある。現在では日本での運行を終えた車両が、海外で第二の職に就くというのは珍しくなくなったが、かといって日本で運行していた時と同じように使われていることは少ない。閉まるはずのドアが開きっぱなしで運転されていたり、冷房車のはずなのにクーラーがすでに機能しなくなっていたり、また、トイレ付きの車両でも汚物処理タンクは海外では使われておらず、垂れ流しである。しかし、ここジャカルタにやってきた電車は、ほぼ性能通りの使われ方をしていて、日本の鉄道ファンとしては嬉しくなる。

ラッシュ時はかなりの混雑となり、ＩＣ式乗車券も登場、終日女性専用車両も導入された。インドネシアは戒律が厳しくないものの、世界最大のイスラム国家であるが、女性の社会進出が目覚ましく、マレーシアのクアラルンプール同様に女性専用車両の登場となった。終日女性専用なので、ひと目で女性専用とわかるデザインで運転している。

日本の通勤電車に車内販売もありピクニック気分

ジャカルタの元日本の通勤電車をゆっくり観察するならジャカルタ・コタ駅がいい。ここは上野駅地平ホームを思わせるような終点駅なので、ここへ到着した電車は折り返しのためしばらく停車する。その間はホーム側ではないドアも開け放たれ、客が出発を待っている間、車内にありとあらゆる物売りが乗って来る。飲み物や弁当から、日本でいえば１００円ショップにありそうな日用雑貨、メガネまで売りに来る。物売りだけとも限らず、ギターを手にした「流し」もやって来る。台車にアンプを置いて演奏する人までいる。「こんなものを車内で買う人がいるのか？」とも思われる物品もあるが、あちこちで商談が成立しているのには驚かされる。ホームにも売店や露天商はたくさんあるが、車内にいても買い物に事欠かないというのが愉快というか、商魂のたくましさを感じる。売り子は若者が多く、大都会ジャカルタに仕事を求めてやってきたものの、仕事に就けない人が多いのではないかと感じる。結局、私も車内でCDを買ってしまった。

　やがて発車時間が近くなると、ドアが何度か閉まってはまた開く。駆け込み乗車かと思ったが、それが違った。車内を徘徊している物売りたちに対し「そろそろ出発時間だから降りろ」という合図なのだ。日本では体験できない光景であるが、一方で、駅でこういった商売をしている人たちへの気配りがあるのだなとも思い、鉄道会社の懐の深さも感じる。

　ところが、私がもっと愉快に思えたのは、列車が発車すると、間もなく、今度はワゴンに飲み物やスナックを用意した「正規」の車内販売がやってきたことだ。これには私も苦笑してしまった。発車前にさんざん物売りがやってきて、やれスナックだジュースだと売り歩いていたのは、いわば車内販売の前座だったのである。

　利用者は皆、日本製中古車両を楽しんでいるように感じた。冷房が効いている車内に入ると「涼しい」といった表情を浮かべ、ときたまやってくる車内販売でスナックを購入し、と電車に乗ることを楽しんでいた。日本では通勤電車以外の顔はなかったが、インドネシアではピクニック電車といった雰囲気も垣間見られた。日本にとってはひと昔前の世代の電車ということになるが、ジャカルタの人たちにとっては、エアコンの効いた電車は経済発展を肌で感じられる存在なのかもしれない。

日本の中古車両が、現地で歓迎されているという雰囲気が伝わってきて嬉しい思いであった。

物売りだけでなくギターを持った流しもやってくる。
元東京急行電鉄8500系車内

第8章

欧米に見る都市交通事情

都市交通や通勤事情は日本とアジア各国でもさまざまな違いがあった。アジアの鉄道は一見すると日本と似ているところがあるほか、ずばり日本製や日本の中古車両が活躍する都市もある。日本は鉄道先進国なので、アジア諸国は日本を手本にすることも多く、自然と日本に似てくるといった事情もある。アジアは人口が多く、どこの国も通勤電車の混雑に悩まされている。駅には改札があり、乗った距離に応じて運賃も高くなる。また、新興国ではそれ以前に、都市内の交通網が整備されておらず、交通渋滞、大気汚染などが問題になっていた。

それでは欧米の都市交通事情はどうだろうかと眺めてみると、アジアとは異なる部分が多くなる。ヨーロッパとアメリカでも状況は異なる。ヨーロッパでは郊外電車、地下鉄、トラム、バスなどが連携していて、効率的な通勤輸送が実現している。トラムのような一般の車両が鉄道の線路を走ったり、地下に潜ったり、トラムの敷地にバスが走ったりする。運賃制度も距離制は少数派で、均一運賃、ゾーン制、時間制などが主流になり、地下鉄に改札がない国も多くなる。郊外列車は2階建て車両がほとんどで、ほぼ全員が着席して通勤する。ヨーロッパは日本同様に鉄道や都市内交通が発達しているが、運行システムや利用方法はかなり違う。この章ではそういった事情を探ってみたい。

通勤車両でもロングシートは極めて少数派

ヨーロッパでは、アジアのようなぎゅうぎゅう詰めの電車を見ることはない。一般にアジアの大都市に比べて都市の規模が小さく、人口密度も低い。ロンドンでもパリでも鉄道で1時間も走らないうちに車窓は広大な畑になっていたりする。

アジアのような人を多く運ぶことに徹したような車両も少ない。たとえば、パリの地下鉄車両の多くはクロスシートで、ドア部分には補助椅子がある。立って乗らなければならないのはラッシュ時間帯だけで、その他の時間帯はだいたい利用者全員が座れるくらいの利用率である。クロスシートにもかかわらず車内を人が行き来するくらいのスペース的な余裕があり、ときおりギター、アコーディオン、フルートなどの奏者が乗ってくる。ドアも開けるときはボタンやハンドルなどで乗客自らが操作するもので、すべてのドアが開くとは限らない。日本でもおもにローカル線に乗るとドアは自分で開けるが、その程度の利用者しかいないということだ。

大都市が少なく、都市が分散しているドイツでは、驚くかもしれないが基本的にロングシート車両がなく、地下鉄やトラムも含めて鉄道の座席はクロスシートである。日本でいうセミクロスシートすらない。吊り革すらほとんどなく、日本のような混雑した列車がない。そんなドイツで

オランダ・アムステルダムの地下鉄車内。クロスシート、貫通路なし、吊り革なし、自転車持ち込み可が標準

も近年はロングシート形状の座席の車両が編成中に何両か組み込まれることが多くなったが、これは人を多く乗せるためではなく、自転車を携えて乗りやすくしているための座席配置である。

ヨーロッパでは、ドイツに限らず、通勤車両であってもロングシートは少数派で、クロスシート配置の地下鉄車両は一般的であるし、路面電車も基本的にクロスシートである。それは広島電鉄が採用したドイツ製車両などでもわかることであろう。ロングシートにするほど混雑しないという事情があるほか、クロスシートにして、補助席を設けることで、多くの人が着席できるという考えもある。乗降をスムーズにするためにドアが多かったり、ドア幅を広くしたりというのは日本同様だが、そのようなスペースにも、日本のような多くの吊り革などが配されていないので、混雑の想定が日本とはかなり違う。

車両も概してアジアの都市鉄道に比べて小ぶりである。東京でも古くにできた東京地下鉄銀座線車両は小ぶりであるが、ヨーロッパではさらに小ぶりの車両も多く、トラムと鉄道車両の中間的サイズといった車両も多くなる。しかし、寸法的には小さい車両ながら、車内に入ると視覚的には日本の通勤電車に比べてそれほど狭くは感じない。吊り革がなかったり、車内の吊り広告がなかったりするのだが、決定的に異なるのは、欧米では都市鉄道には荷物棚がないということであろうか。日本ほど治安のいい国は少なく、一般的に荷物棚があったとしてもドアの多い通勤車両で荷物棚を利用する人はいない。荷物棚を利用することは、盗んでくれといっているようなものだからだ。「ドアの多い通勤電車で」と記したのは、ドアが多いことは盗んだ者にとっては逃げ道がいくらでもあるということだからである。

日本やアジアの車両と異なる点はまだまだ多く、たとえば貫通路がない車両も多い。日本では車両間の通り抜けができるのは当たり前で、地下鉄の場合は避難経路の関係から運転席にも貫通路や非常口がなければ地下鉄線内には乗り入れることができない。しかし、ヨーロッパでは車両間の貫通路すらない車両が多く走っている。一般にヨーロッパでは、貫通路は長距離列車などで食堂車に行く時などに利用するもので、通勤車両では必要ないとされているらしい。

日本では昭和26年（1951）に桜木町で列車火災があり、100人以上が犠牲になるという事故があった。当時は日本でも、通勤車両において隣の車両に乗り移るという必要性は認識されておらず、現在の車両の貫通路のような設備がなく、結果として多くの乗客が特定の車両に閉じ込められて焼死した。この教訓から、日本では、隣の車両に乗り移れるということを前提に鉄道車両が造られている。こういったことを認識していると、ヨーロッパの通勤車両は万が一火災になったらどうするのだろうとも思う。

近郊列車は2階建てにして全員着席

ヨーロッパでも都市内の交通ではなく、郊外まで運行し、ラッシュ時は通勤用途になる列車は多い。日本の首都圏でいえば東海道本線や東北本線の中距離列車というところだ。そして、そのような列車の多くは2階建て車両で運転されるのが一般的である。前述の日本の中距離列車では15両編成中2両が2階建てで、その2両はグリーン車だが、そうではなく全車両が2階建てだ。

2階建てというのは眺望目的ではなく、着席定員を増やし、4人または6人が向かい合うボックス席が中心、座席間隔は長めだが、たとえばパリなどを例にすると2＋3配置（通路を挟んで片側が2人席、もう片側が3人席）なので、決してゆったりした配置ではない。階段付近のみL

ポーランド・ワルシャワにて。ヨーロッパの近郊列車では2階建て車両が多用され、通勤時も全員着席が基本

形のロングシート状の座席になるが、なぜかヨーロッパの車両はデザイン性が高く、ロングシートというよりソファー状に見える。ドア部分にしか立席スペースはないので、全員着席が基本といった車両だ。逆にいえば2階建てにして座席を詰め込めば、全員が座って通勤できる程度の混雑にしかならない。ヨーロッパ人というと、一般的に日本人より体格が大きく、2＋3配置はさぞかし窮屈とも思われるが、車両自体のサイズが日本よりやや大きいのと、やはり荷物棚がないため狭さを感じない。

フランス、イタリア、オランダ、スペインなどでは「2階建て電車」が多く、ドイツ、オーストリア、スイス、ベルギー、ポーランドなどでは、「2階建て客車」が多く使われていて、客車の場合は需要や曜日によって車両を増減させて対応している。

ドアは2カ所しかないものの、幅は広く、東京地下鉄東西線のワイドドア車以上に広いのではないかと思われる外吊りのドアで、これは乗降客の多い駅で威力を発揮する。

彼らはこういった列車で通勤していて、長時間立って電車に乗るということがない。もし日本で全員が着席して通勤するためには、列車を5階建てにしても座席が足りないのではないかと思うと、都市人口の差を感じる。

また、通勤列車に「客車」と聞くと、終着駅で機関車の付け替えを行わなくてはいけないと思われるが、最後尾の客車にも運転席があり、機関車が引いたり押したりしている。機関車が最前部か最後尾とは限らず、編成の中間に連結されていることもあり、機関車というより動力車と考えたほうがいい。

各国で都市交通の運賃システムが異なる

ヨーロッパの大都市では、都市の交通は公営交通などが一括して運行しているケースが多く、日本の大手私鉄に相当する路線はほとんどない。イタリアやスペインなどに通勤目的の私鉄があったり、イギリスでは運行会社と線路や信号設備を保有する会社が別々となる上下分離方式が取られているので、鉄道会社は路線や列車によって細かく分かれていたりするが、やはり日本の大手私鉄に相当するものではない。

日本では路線ごとに、山手線や東海道本線はＪＲ、副都心線は東京地下鉄、新宿線は東京都営地下鉄、東横線は東京急行電鉄と、それぞれ鉄道会社が異なり、運賃や切符も別々というのが常識であるが、鉄道会社の括りではなく、都市の括り、用途の括りで分類されるのがヨーロッパでは一般的である。都市交通はひとつの組織が一括して運営していることが多く、東京で例えるなら山手線、東横線、地下鉄ともに、「首都圏交通営団」といったような組織が運営する。一方で日本では東京から横浜までの乗車券で京浜東北線でも東海道本線でも利用でき、さらにその乗車券に特急券をプラスすると特急「踊り子」でも乗車できるが、ヨーロッパでは都市の鉄道と長距離列車は別物となっていることが多いので、切符自体が異なり共用できないのが一般的だ。

このように、同じ都市内であれば、路線が異なっても運営組織は同じ、同じ線路を走る列車でも通勤列車と長距離列車では用途が異なるので別組織が運営しているという例は多い。

都市交通の運賃システムも、日本のように距離によってだんだん高くなるというのは意外にも少ない。日本の運賃システムは距離によって運賃が決まり、各駅間の距離を出し、駅ごとにその駅を起点とした運賃が掲出されている。当たり前に思えるが、ヨーロッパではこのような小まめなことは行われておらず、一般に運賃は大ざっぱだ。大きく分けてゾーン制、均一運賃、時間制の3種が用いられている。

ロンドンの地下鉄ではゾーン制が用いられている。東京で例えるなら、山手線の円をゾーン1、23区内の山手線の外側をゾーン2、東京都内の23区外をゾーン3などとし、ゾーン内の運賃、ゾーンをまたがる運賃、ゾーンを2つまたがる運賃などとする方法である。運賃はかなり単純化されるが、これだと、東京〜新宿間（ひとつのゾーン内）より、新宿〜大久保間（隣のゾーン）の運賃のほうが高くなり、不合理に思える。ゾーンの境目によほど配慮しないと不公平な運賃になるであろう。

パリの地下鉄で採用されているのが均一運賃である。ひと駅乗っても終点まで乗っても運賃は同じというシステムだ。改札機などが単純な構造ですみ、入って出るだけのものとなる。切符を読み取ってバーが1回動いて改札内に入るだけである。出口などは一方にしか開かないドアでも構わないわけだ。切符の種類も単純で、1回券、回数券、1日券、2日券……。ひと駅、ふた駅を利用するのはバカバカしいと思うので、近い距離は歩く癖がつき、健康にいいかもしれない。雨の日や荷物の多い日だけ利用するという手もある。

ドイツ、イタリアなどで広く浸透しているのが、時間制だ。地下鉄に限らず路面電車、バスなどを含めて、都市交通2時間乗り放題でいくらといった運賃システムである。やはりひと駅乗っても2時間分の運賃を払わなければならないので、ごく短区間の利用には向かないが、2時間以内で行って帰るなら往復と思うこともできる。改札はなく、地下鉄乗り場、路面電車、バス車内などにある刻印機で切符に時間を自分で印字する。そのため切符を持ってなくてもホームまでは入れてしまい、正しい切符を所持しているかどうかは利用者のマナーに任されている。検札が頻繁に行われ、正しい切符を持っていないとかなりのペナルティーを払うことになる。日本人の感覚だと、急いでいたりするとついつい切符を買わずに乗ってしまいそうだが、旅行者であろうと一律にペナルティーが科せられるので注意が必要だ。国によっては、自国民より外国人のほうが不正乗車を行う率が高いためか、おもに外国人をターゲットに検札を行う傾向もあり、日本人とて例外ではない。

世界一運賃が高いロンドン地下鉄

ヨーロッパの都市交通で困ってしまうことに、運賃が高すぎるということがある。世界一高いといわれるロンドンの地下鉄は、中心街のゾーン内、いわば最低の初乗り運賃が、4・5ポンド（約820円）もする。しかし、ICカードを使うと2・1ポンド（約380円）と半額以下になる。それでもずいぶん高いが、ICカード普及のために1回の切符での運賃を高くしている。こ

ロンドンの地下鉄運賃の高さには驚いてしまう

れほどに額が違うのであれば、旅行者でも保証金を払ってＩＣカードを作るのが一般的で、いっそ1回の切符を廃止したほうが明瞭なのではとも思われる。

ロンドン地下鉄は運賃が高いので、その仕組みをよく理解して、少しでも安くなる方法を考えねばならない。前述したように1回の切符とＩＣカードでは運賃が倍以上も異なるので、1回の切符はないものと考えるべきだ。次に、ロンドンの地下鉄は時差通勤などを促すために、ＩＣカード利用時もピーク時とピーク時以外の運賃を分けている。たとえば中心部のゾーンでは全時間帯が2・1ポンドながら、中心街と郊外の間になるゾーン1から6の間はピーク時以外は3・9ポンド（約710円）の運賃がピーク時には6・7ポンド（約1220円）となる。ピーク時とは平日の6時30分～9時30分と16時30分

～19時である。

ロンドンの地下鉄には他の国にない仕組みもある。それはＩＣカード利用時に、一日に引き落とされる限度額が設定されていることで、市内中心街のゾーン１～２の範囲であればその額は８・４ポンド（約１５３０円）である。ロンドンの地下鉄は１回の切符を購入すると隣の駅まで日本円で約８２０円となるが、ＩＣカードを利用し、ゾーン内を一日に何度か利用すると、その運賃が８・４ポンドを超えたところで、それ以上は引き落とされなくなるという仕組みがある。ちなみに、ゾーン１内の１日券が８・８ポンド（約１６００円）なのに対し、より広いエリアになるゾーン１～２の間がＩＣカードを利用すると一日の上限が８・４ポンドなので、いかにＩＣカードを促進させようとしているかがわかる。さらにＩＣカード利用時で、ピーク時間帯を含まなかった時のゾーン１～２間の１日の上限額は７ポンド（約１２８０円）なので、さらに安くなる。ＩＣカードをなるべく利用し、さらにピーク時を避けるように誘導されているような気がする。

このためロンドンでは、旅行中、地下鉄を利用する日と使わない日を決め、地下鉄を利用する日に集中して利用するといい。そして、なるべくなら週末に利用すれば、割高になるピーク時間帯もない。運賃が高いロンドンの地下鉄ではあるが、使い方を工夫すれば、東京の２倍くらいの感覚で何とか収まると思う。

ロンドン地下鉄、こんなに運賃の高い地下鉄なのだから、さぞ設備などの近代化が進んでいるだろうと思われるが、2010年になって初めて冷房車が登場したというレベルである。伝統や格式を重んじる国ゆえ、概して古いものを大事に使っているという雰囲気で、日本の鉄道ファンの目からすると「こんなに古い設備なのに、なんでこんなに運賃が高いの！」と感じる。ちなみに、ロンドンでは「やっと冷房車が登場した」というより、ロンドンは日本のような高温多湿の夏にはならなかったので、冷房は不要だったという事情がある。冷房はあっても一年に1週間使う時期があるかどうかというところだった。ところが、このところの異常気象で「ロンドンの地下鉄でも冷房が必要になった」とヨーロッパでは話題になったようである。

このほかにも、ヨーロッパの地下鉄が割高に感じる要因は多くある。たとえば、日本では地下鉄も含めて駅にトイレがあるのは当たり前で、トイレは基本的に無料である。しかし、ヨーロッパではトイレは有料というのが当たり前で、有料であるにもかかわらず清掃が行き届いておらず、便座が壊れている、などということは日常茶飯事である。さらに公共施設にトイレがあること自体が少ないという問題もある。ヨーロッパは一般的に日本より気温が低く、日本人はトイレに頻繁に行きたくなるはずである。日本人にとっては心配事のひとつで、地下鉄に乗って街巡りを考える際はトイレ事情にも気を配っておきたいものである。

ことトイレ事情に関しては、日本の都市鉄道は世界で最も優れているのは間違いない事実で、日本人はトイレ事情を自慢できると思う。

パリの地下鉄は全線均一運賃

世界の地下鉄の代表格というとロンドン、パリ、ニューヨークなどといわれるが、ロンドンとパリの地下鉄ではだいぶ雰囲気が異なる。ロンドンには日本の大手私鉄に相当する路線がなく、地下鉄はかなり郊外にまで延びている。日本で最も長い距離の地下鉄が、東京都営地下鉄大江戸線の40・7キロであるのに対し、ロンドンでは50キロを超える路線だけでも5路線もある。

その点、パリの地下鉄はパリの都市内のみを運行していて、郊外には達していない。1号線から14号線までの14路線があるものの、最も長い13号線でもその距離は22・5キロである。ロンドンに比べて車両も小ぶり、郊外に達していないので駅間距離も短い。

東京地下鉄も通称東京メトロと呼ぶが、「メトロ」はパリのmétroから来ている。ロンドンでは地下鉄をメトロとは呼ばず、「Underground《アンダーグラウンド》」、または「Tube《チューブ》」という。形態を表していて、東京の銀座線のように、道路の下を走っているような古い路線がアンダーグラウンド、大江戸線のように、深い地中を丸いトンネルが進んでいるような新しい路線をチューブという。もうひとつの

パリのメトロは均一運賃

地下鉄の代表格であるニューヨークでは「Subway《サブウェイ》」といい、これまた呼び方が異なる。実は東京地下鉄は、民営化されるまでは特殊法人として帝都高速度交通営団、通称「営団地下鉄」と呼ばれていたが、その時の会社のマークはサブウェイのSを図案化したマークであった。しかし、そのニューヨーク地下鉄のICカードは「メトロカード」と名付けられたので、世界的にパリ方式が人気なのかもしれない。

このように、呼び方も雰囲気もロンドンとはかなり違うパリの地下鉄だが、運賃もかなり異なり、距離に関係なく一律1・7ユーロ（約240円）の均一運賃である。単純なシステムで、改札口を1回入る料金が1・7ユーロで、乗換駅には必ず通路があって、改札口を出なくても違う路線のホームに行けるようになっている。ひと駅、ふた駅を乗るには高い運賃だが、遠くまで行けば行くほどお得感がある。また「カルネ」と呼ばれる回数券があり、こちらは正規運賃に比べて70%ほどに割り引かれるので、回数券を利用すれば、東京の地下鉄の初乗りとほぼ同じ運賃で、パリ市内のどこにでも行けることになり、実質的には日本より安く感じる。回数券は10枚セットだが、2人で旅行していれば5枚ずつになり、すぐに消化できる。

世界的にはパリ、ニューヨーク、モスクワ、北京などの地下鉄が、全線均一運賃の代表格である。これら4都市の地下鉄が、均一運賃の地下鉄としては路線数が多く、ネットワークが充実しているが、路線数がそれほどない都市や地下鉄の距離が短い都市では均一運賃の地下鉄は多い。またスペインのマドリードでも以前は均一運賃だったが、地下鉄路線が郊外へと延伸され、現在はゾーン制で、ゾーン内均一運賃へと変化した都市もある。

時間制運賃は乗客のモラル任せ

地下鉄の運賃はゾーン制、均一運賃とあったが、もうひとつ多いのが時間制である。おもにドイツ、オーストリア、イタリア、旧東欧圏などで採用されている。たとえば2時間以内都市交通乗り放題といったシステムで、駅構内や車内に刻印機があり、自分で切符に刻印し、その時刻から2時間以内なら地下鉄、路面電車、バスなどが乗り放題になるという仕組みである。これらの国では地下鉄、路面電車、バスなどは市の交通局などが一括して運営しているのが普通なので、およそ市内交通はどれでも乗れることになるほか、鉄道会社の都市内路線も地域を限って乗車できるケースが多い。

乗車マナーは利用者のモラルに任されているので、改札口はない。路面電車やバスなども入口と出口が分かれていない。日本人からすると、路面電車やバスの入口と出口が分かれてないと、乗降がスムーズにならないような気がするが、通常の電車や地下鉄なら入口と出口は分かれていないので、それと同じである。

日本でも広島電鉄ではドイツ製5連接車両を運行しているが、むしろその5連接車という長い車体の特性が生かされていない気がする。広島電鉄では運転士のほかに車掌が乗務し、運賃授受の関係で入口と出口が分かれているが、本来の5連接車のメリットは、路面電車といえどもドアがたくさんあり、ターミナル駅ではすべてのドアから乗客が降りることができて、乗降がスムーズだという点である。日本では大きな車両を導入しても、運賃授受の関係でその大きさを生かしきれていないのだ。広島電鉄の広島駅では、降車ホームに係員を配置して対応しているが、人海戦術では限界も感じる。

また、広島電鉄の5連接車と同様に、世界ではポピュラーなのに日本では稀にしか見ないもの

ヨーロッパでは3車体連接のバスも多く使われている（オランダ・ユトレヒト）

に連接バスがある。日本では京成バス、神奈川中央交通、岐阜乗合自動車、神姫バスの4社しか運転していない。しかし、ヨーロッパでは連接バスはだいたいどこの都市にもあり、珍しいものではないし、3連接車もある。日本では道路法規の手続き上、あまり連接バスが普及しないという理由があるが、そのほかに運賃のシステム上、メリットを生かせないという理由もある。連接バスは一度に多くの乗客を乗せられるメリットがあるものの、日本で運行する場合は、入口か出口のうちのどちらかは運転手横のドア1カ所とし、運賃授受を行わなくてはいけないので、大きな車体を生かせないのである。大きな車体だと運賃授受にかえって時間がかかってしまうというデメリットにもなりうる。

しかし、運賃の管理を乗客のモラルに任せていると、中には不心得者が無賃乗車してしまうこともあるだろう。そこで検札を頻繁に行い、不正乗車した利用者には例外なく、次の駅や停留所で降ろし、罰金を科すようにしている。近年はＩＤカードの番号を控えられ、後日自治体などから罰金が請求される仕組みも多くなった。有効な乗車券を持っていても、刻印をしていなければ不正乗車とみなされる。

1日券などの割引乗車券を最大限利用する

ヨーロッパの地下鉄運賃は一般的に高額である。ロンドンの項でも説明したが、切符の仕組みを知っていないと「ちょっとそこまで」の移動が大きな出費になってしまう。ロンドンではＩＣカードの利用は必須、パリでは回数券がお得と記した。それでは時間制の場合はどうだろうか。ドイツの首都ベルリンの場合、２時間券は２・６ユーロ（約３７０円）と高額である。

そこで、その都市に「旅行する」という観点からいえば、都市交通を利用する日は１日券を購入し、地下鉄、トラム、バスなどを利用して都市内を回る日を同じ日に集中させるというのが有効である。私はいつもそのような行動をとっている。というのも、ヨーロッパの都市の見どころは意外なまでに市の中心に集中していて、東京のような広い都市は少ない。観光地はほとんど歩いて回れるということが多いのだ。歩くことによって街の表情もつぶさに観察できる。

そして、１日券を利用する日はその日１日、なるべく多くの路線を乗るようにしている。大規模な都市では、1日券だけでなく2日券、3日券、7日券などとあり、当然日数が長くなればなるほど一日当たりの運賃は安くなる。金額的に1日券が得という以外にもメリットが多く、ヨーロッパの券売機はわかりにくいことが多いほか、1人が使っていると時間を要するので、意外とイライラする。ヨーロッパでは現金を多く持ち歩かないという習慣で、地下鉄の切符購入にもクレジットカードが利用でき、その分操作に時間を要するのである。不慣れな移民などの利用も多い。その点、1日券を持っていると、来た電車にすぐ乗れる。

ヨーロッパでは都市交通の1日券は、多くの場合「1日」ではなく「24時間」、2日券なら48時間というのがスタンダードである。これならその都市に昼頃に到着して「今から1日券はもったいない」などと考えなくてすむ。

日本でも1日券の24時間券化を考えてほしいと思っている。1日券というと、昔は多くの鉄道会社で紙の大きなもので、記念切符のようなスタイルが多かったが、現在は自動改札対応の1日券が主流である。ならば1日券の24時間券化は簡単なはずである。現在、日本の鉄道会社で1日券が24時間有効なのは沖縄都市モノレールただ1社である。

このようにヨーロッパでは割引乗車券を利用すれば、割高感からかなり解放されることも事実である。たとえば、私はアムステルダムでは4日券、ウィーンでは7日券を利用した。これらの都市ではトラムが発達しているが、1日券を持っていると、ひとつ、2つの停留所間でも躊《ちゅう》躇《ちょ》なく乗車できる。ポルトガルのリスボン、ハンガリーのブダペストへは、国際列車で到着して、空路でその国を離れているが、到着時にリスボンでは市内交通4日券、ブダペストでは7日券を購入したため、これらの都市では都市交通の切符を個別に一度も購入しなかった。それどころか、これらの都市では空港へも路線バスがあったので、その都市に到着してから、空港を離れるまでの都市交通一切が4日券や7日券ですんでいる。

とかく日本人の海外旅行は、ガイドブックに載っている場所の確認のような旅になっているといわれるが、ヨーロッパではトラムが発達しているので、トラムに乗り、気に入った場所で当てもなくふらりと下車してみるような旅は印象に残る。そのためにも1日券は有効である。私はヨーロッパの都市で時間が余ったら、乗っていないトラムの系統などに乗り、終点まで行ってみる。すると意外な発見は多いものだ。ドイツのフランクフルトでは郊外にコインランドリーを発見し、後日そこまで行って洗濯した経験もあるし、多くの都市で、市内中心地には高級レストランが多いものの、郊外へ行くと大型スーパーがあったりする。おそらく、日本人観光客は市内中心地だけを見ていることが多く、私からすると、旅行中、都市交通を活用できていないのではないかとも思う。1日券を持っていれば、車窓に大型スーパーが見えたので下車してみるということも躊躇なくできる。

地下鉄にはミュージシャンが乗ってくる

パリの地下鉄には、均一運賃ならではの風情がある。通路やホームで楽器を演奏し、通行人のチップで生計を立てている人たちが大勢いる。こういうふうに書くと、ストリートミュージシャンのようなものかと思うだろうが、実際は立ち止まって聴き惚れてしまうような奏者も多く、彼らは一般に「アーティスト」と呼ばれている。地下空間で音が反響することをうまく利用しているのである。音楽奏者だけとは限らず、人形劇、パフォーマンスなどさまざまである。音楽奏者に共通しているのは、演奏するのは自分で作曲した曲などではなく、ビートルズナンバーやクラシックなど、誰でも知っている曲を演奏する。運賃が均一で、時間制限などもないので、一日中、地下鉄駅構内で過ごすのである。

しかし、狭い車内で、なかには音楽など聴きたくないという人もいるだろうに、迷惑にならないのだろうか、他の乗客とトラブルにならないのだろうかと思われるが、これが意外なほどにそういった場面を見たことがない。たとえば音楽などまったく興味ないといったご老人が本を読みふけっていて、その傍らでバイオリンを演奏していても、その老人はわれ関せずと無表情である。

パリの地下鉄車内。夫婦と思しきミュージシャン

あるいは若い女性2人がおしゃべりに夢中になっていたとして、その傍らでハーモニカを吹かれようとも、その2人はそれまで通りおしゃべりに興じている。ひとつの車両で1人がギターを演奏、その演奏が終わると隣の車両から違うミュージシャンが乗り移ってきてサックスを演奏、それでも電車はいつも通り何もなかったかのように運転している。個人主義が根付いているフランスでは、すぐそばで他人が何をやっていてもあまり気にしないのである。

ミュージシャンもあの手この手でやってくる。夫と思しき男性がバイオリンを演奏、妻と思しき女性がタンバリンを手に紙コップをジャラジャラさせてはチップを集めるなど、手際よくパフォーマンスを行うこともある（写真参照）。

ローマの地下鉄ではこんなミュージシャンを見た。

ローマ地下鉄は2路線しかなく、うちA号線はテヴェレ川を渡る部分以外は地下、そしてB号線は4駅の間がまとまった地上区間でそれ以外は地下を走る。そして、ミュージシャンは4駅間の地上区間でパフォーマンスを繰り広げる。地下区間では走行音がうるさく、音楽どころではないのだ。アコーディオンを3駅間で演奏し、残りの1駅間では右手でメロディーだけを奏で、あいた左手で紙コップをジャラジャラさせてチップを集める。ミュージシャンは地上区間が終わる駅で再び逆方向の電車へと乗った。

地下鉄運営側もこういった人たちを排除する気はないようで、鉄道会社の懐の深さを感じる。ただし駅構内での演奏場所を限っている例に遭遇したこともあり、カナダのモントリオールでは、演奏を行ってもいい場所にハープのイラストのマークがあった。粋なはからいに感じた。

日本ではありえないような検札がやってくる

ヨーロッパでは地下鉄に改札がない都市も多い。しかし、これでは無賃乗車などの不正が絶えないのでは？　と思われるが、頻繁に検札を行うことで防いでいる。この検札は、日本のような「ご乗車いただきましてありがとうございます。恐れ入りますが乗車券を拝見させていただきます」といったようなソフトなものではない。「さあ、これから切符の確認だ。おとなしくしろ！」といった雰囲気である。

正しい切符を持っていないと、いかなる理由があろうと罰金を科せられる。日本のような切符のチェックという雰囲気ではなく、違反者の摘発にしか見えない。日本人で注意したいのは、国によっては7日間パスなど、また鉄道パスで通勤区間などを利用している場合などである。これらのパスの多くはパスポートナンバーが記されているので、パスポートはホテルのセーフティーボックスなどに保管せず、携帯する必要がある。たまに厳しい検札の場合、切符に記されたパスポートナンバーと携帯しているパスポートのナンバーを照合する。

検札は結構変わったスタイルで行われる。というか、凝ったスタイルで行われている。職員であることを示す制服などは敢えてなく、私服で行われるが、変装としか思えないスタイルで行われている。車内で他人のふりをしていた2人が突然立ち上がり、「チケット・プリーズ」と、検札が始まる。

ウィーンではこんな体験をした。ヨーロッパの地下鉄ではアーティストも乗ってくるが、ときとして絡まれたくないような人たちも乗ってくる。ロンドンブーツを履き、素肌に革ジャン、鼻にピアスという格好の若者が乗ってきた。酒に酔っているような雰囲気で、少し千鳥足で歩いている。ちょっと関わりたくないなと思っていたら、車両のドアが閉まった途端に彼はピシッとした態度になり、胸元からＩＤをかざし「チケット・プリーズ」と来た。ここまでして検札が行われている。少し与太ったような態度は演技だったことになる。

ドイツのハンブルクの地下鉄では、地上の始発駅で地下鉄の出発を車内で待っていた。サマータイムが実施されている夏の夕方で、そこに、これからアフターファイブを楽しむといった雰囲気のカップルが乗車してきた。これからビアガーデンにでも繰り出そうという雰囲気である。ドアのそばに立ち、仲睦まじそうにしている。車内でそんなにいちゃいちゃしなくてもと思っていたが、ドアが閉まったとたんにＩＤを見せて「チケット・プリーズ」である。

ここまでしなくてはならないのか？　と驚かされてしまうとともに、この２人は同じ職場で仕事をする夫婦か恋人同士なのかと思ったが、あるいは職務上恋人同士を演じているとしたら、何と羨ましい仕事かと思ったものである。日本人から見ると、まるで車内でショーを見ているような感覚である。最近では、妙な人を見ると「ひょっとしてあの人は検札では？」と思ってしまうこともある。

一方、ポーランドのワルシャワのトラムでは、初老の男性が検札にやってきた。それほど混んでいる車内ではなかったが、その男性がそれまでどこに座っていたのか見当がつかず、目立たない雰囲気で検察のタイミングをうかがっていたとすれば、検札のプロのような存在かとも思った。

検札を終え、IDをポケットにしまい、停留所で降りてベンチに座った彼は「今日も職安に行ったがいい仕事は見つからなかった」といった雰囲気で、寂しさを感じるような姿であった。

印象に残っているのが、アテネのトロリーバスでの検札であった。バス停ではないところで停車。3カ所あるドアのうち、前部と後部のドアが開けられ、職員が検札に乗り込んできた。おそらく検札の時間や場所は運転手と前もって打ち合わせてあるのだろう。その雰囲気がすごかった。「よーし、お前らはもう袋の鼠だ。観念しろ」といった感じで前後から乗客を挟み撃ちにするように乗り込んできて切符をチェックした。その時は全員が切符をちゃんと所持していたので、「ありがとうございました」くらいの感じで出て行くのかと思ったら、「よし、今日はこれで勘弁してやるけど、いつかきっと捕まえてやるからな」といった感じで、まるで1人も捕まえられなかったのが不満なようにバスを降りていった。

ここまでしてでも検札を行うには、理由がありそうである。日本のような運賃授受システムは手間がかかるしお金もかかり、結局それは運賃に跳ね返ってしまう。乗降のスムーズさからいって、日本方式は避けたい。島国の日本とは異なる環境もある。ヨーロッパ各国はさまざまな国が陸続きである。世界中の人々がやってきて、半ば住みついている人たちの数は日本の比ではない。自国では不正乗車などしなくても、異国では物価の違いなどから、不正に手を染めてしまう人は多いのかもしれない。市内交通の多くは市などの公共交通で、共有財産といった意識も高い。不正乗車は許さないといった意識も高いのであろう。

日本では景気が落ち込んでいる時期に、新札を発行すれば自販機や券売機などの買い替え需要が増え、その分、景気がよくなるなどという考えをする政治家や有識者がいるようだが、ヨーロッパでは正反対の考えといえ「より単純に」といった考えだ。

しかし、何もかも日本よりヨーロッパが優れているといっているわけではない。日本の生活に慣れていると、ヨーロッパなどは自販機が少ない上に、自販機や券売機の性能が極めて悪い。故障が多い、信用できない、利用しない、増えないの悪循環で、少しは日本を見習って欲しいと思うこともしばしばである。

検札は車内以外でも行われる。ブダペストではホームから地上に通じる長いエスカレーターの出口で行われていた。改札はないので、「ちょっと駅を見学」という時でも切符を購入しておいたほうがいいだろう。鉄道ファンは要注意である。

改札のあるパリでも検札は行われている。均一運賃のため、改札の出口は簡単な構造の駅も多く、一方にしか開かないドアが備えられているだけのことも多い。誰かがそのドアを出る時に、出口の前に立ってドアが閉まらないようにして駅構内に入ることも可能で、切符を持たずに地下鉄に乗っている人がいることも考えられる。私が出口を出ようとした時に、そのドアを押さえてアフリカ系と思しき男が入ってきた経験もある。

そういえば、スペインの駅のトイレの個室はコインを入れないと開かない仕組みだったが、私が個室を出ようとしたら、そのドアを閉まらないように押さえて私の後に個室に入った、やはりアフリカ系と思しき男もいた。ヨーロッパはアフリカから出てきた人も多く住むが、やはり苦しい生活を強いられている人が多いのかもしれない。

「例外を作らない」のが便利な秘密

パリのいいところは、観光スポットはすべて地下鉄駅から徒歩圏にあることである。地下鉄だけではアクセスできない有名観光地といえば、郊外にあるベルサイユ宮殿くらいである。パリは何度か訪れているが、タクシーに乗った記憶がない。

パリの地下鉄は独特の雰囲気を持っている。日本では地上から地下に降りると、地下通路があり、さらに階段を下りるとホームに達するということが多い。ところがパリでは地上の入口からホームまで、あるいは乗換駅でもホームからホームへ迷路のような通路ばかりで構成されている。東京の大手町駅と比べてみると、大手町は多くの路線の乗換駅であるがホーム、通路ともに南北方向か東西方向で構成され、通路を曲がるときは常に直角に向きを変える。ところがパリでは細い迷路のような通路ですべての路線へのホーム同士をつないでいる。階段が少ない代わりにスロープが多く、通路がカーブしている。蟻の巣のようでもある。たまに売店はあるが、大きな空間がないので地下街のようなものはない。靴音が狭い通路にこだまし、自分が少しハードボイルドっぽくなったようにも感じる。

路線構成にも特徴がある。世界の地下鉄がある都市の路線図を見ると、たとえば十字に2本とか、都心と住宅地を結ぶとか、大通りに沿ってとかさまざまなタイプがあるが、いずれにもいえることは、地下鉄だけで都市内すべてを網羅しているわけではないことだ。ところがパリでは「市街地のどこにいても徒歩圏内に地下鉄駅がある」と言われるだけあって、網の目のように14路線が張り巡らされていて、パリ中心街では、どこにいても徒歩圏に地下鉄駅がある。

「通路が迷路のよう」と記したので、慣れないと乗りこなすのは難しいとも思えるが、驚くほど使いやすくできている。地図を用意し、入口がEntrée、出口がSortie、行先がDirection、乗り換えがCorrespondance、この4つの意味がわかっていれば、はじめての旅行者でも面白いように上手に利用できる。表示がしっかりしていること、地下街になっておらず、迷路のような通路であるが、地下鉄を利用するためだけにあるので、かえって迷わないのだ。表示通りに歩けば必ず乗りたい電車のホームに出る。東京の永田町のように、乗り換えにかなり歩かされる駅もあるが、必ず通路がつながっていて、改札を出る乗り換えはない。

運行スタイルにもわかりやすさの秘密がある。相互乗り入れはなく、すべての電車の行先が終点駅になっている。たとえば、東京にまったく土地勘のない外国人が、赤坂見附から銀座線で銀座へ行くとしよう。すると浅草行きに乗ればいいことになるが、この路線には上野行きもやってくる。すると東京に土地勘がないと、上野は銀座の先なのか、手前なのか、あるいはどこかで枝分かれする路線があるのか、これでわからなくなってしまう。上野行きがあるというのは、上野から先は利用客が減るので、輸送力を調整しているのだが、不慣れな利用者は戸惑ってしまう。その点、パリの地下鉄は始発・終電を除くと、途中止まりの電車は原則的にない。この「例外を作らない」のおかげでパリの地下鉄は外国人にも使いやすい都市交通になっている。さすが人気の観光都市だけのことはある。

日本のグリーン車とヨーロッパの1等車は意味が違う

ヨーロッパの都市交通でも、地下鉄ではなく国鉄などが運転している郊外列車となると、通勤列車であってもたいていは1等車がある。1等車を1両連結していなくても1両の半室くらいが

1等室になっている例は多い。日本でもJR東日本の近郊列車にはグリーン車が連結されているので、ヨーロッパでも座って通勤したいという需要は高いのであろうか。ところが、日本の近郊列車に連結されているグリーン車と、ヨーロッパの通勤列車に1等車があるのとでは、趣旨がかなり異なる。

ヨーロッパでは、何だかんだといっても階級社会の区別と差別が歴然と残っており、先祖代々1等車を利用しているという家系の人は、経済的な余裕があるわけでもないのに1等車を利用する。1等車を利用する人は、仮に2等車が空いていて、1等車が混んでいても高い運賃を払って1等車を利用するのである。そのため、どんな通勤の路線でも、どんなにローカルな路線であっても1等室を少しだけでも用意しておかなければならないという理由がある。ただ、通勤列車などの場合、1等車だからといって座席が豪華とは限らず、1等車と2等車の差がほとんどないことだってある。座席の豪華さではなく「1等には2等の客が乗ってこない」という部分が大切なのである。

ドイツではSバーンという近郊列車が整備されていて、この列車にもわずかではあるが1等室がある。1等と2等の設備はほとんど同じで、近郊列車のため乗車時間は概して短く、2等車だからといって混んでいるわけではないので、日本人の目から見れば1等車の必要はほとんどない。

黄色い車体だったパリメトロの１等車（1979年撮影）

私は、「ユーレイルパス」の1等用を所持していた時に、このSバーンの1等に乗ったところ、他の乗客に「ここは1等だぞ」と言われたことがある。彼に言わせれば「ここは1等。東洋人の乗る車両ではない」ということなのだろう。

ヨーロッパでは徐々にこのような階級による区別や差別は減ってきているようだが、以前はパリの地下鉄でさえ1等室が存在した。パリの地下鉄は6～7両の編成だが、中間の1両の半室が1等室で、そこの部分だけ異なる色が塗装されていた。パリ地下鉄の1等室が廃止されたのは1991年のことなので、それほど大昔のことではない。

ヨーロッパの鉄道を利用すると「階級社会」を感じることは多々ある。そういう点では、日本で階級などという言葉を普段使うことはなく、いい社会なのだと思う。

電車通勤が浸透しないアメリカ

自動車社会アメリカでは通勤に鉄道を利用するのは一般的ではない。アメリカで地下鉄などの都市内鉄道が発達しているのは、ニューヨーク、ボストン、ワシントン、シカゴ、サンフランシスコなど限られた都市である。人口３８０万人を擁するアメリカ第二の都市ロサンゼルスでさえ、地下鉄が開業したのは１９９３年、現在も２路線しかなく、そのほかは大型の路面電車といった車両で運行するＬＲＴ（Light Rail Transit）である。アメリカでは、このほかにアトランタ、マイアミ、フィラデルフィアなどにも地下鉄や都市内鉄道があるが、日本の地下鉄と比べると輸送量などにかなりの差がある。そこで、現実的に中規模のＬＲＴを採用する都市も多い。

近年はクリーンな交通機関である鉄道を見直し始めたというが、そうはいってもそれまでの生活様式が根付いている以上、自動車社会から急に公共交通中心の社会になるはずはない。多くの都市でＬＲＴなどが開業しているものの、「クリーンな交通機関を増やすことに力を入れています」という、エコロジーの象徴として導入されているような気さえする。そのため、アメリカで混雑した通勤電車はニューヨークの地下鉄くらいでしか体験できないといっていいだろう。

こんな経験がある。アメリカでタクシーに乗って「鉄道駅」と告げたところ、ドライバーは

「そういえばどっかに鉄道駅があった」といった表情で、途中、運転席の窓を開けて、警察官などに尋ねながらやっと辿り着いたことがある。それほどにアメリカでは鉄道は一般的ではない。

都市近郊の通勤鉄道もさまざまな都市で運行するようになった。ロサンゼルス、シカゴ、マイアミ、ダラス、サンディエゴ、サンフランシスコ、ボストンなどの中心地と郊外を結ぶ。列車はディーゼル機関車が引いたり押したりする2階建て客車で、2階建てとすることで乗客全員がゆったり座って通勤できる。アメリカでは貨物輸送には鉄道が多く利用されていて、各都市へは鉄道の線路は敷かれている。その線路の都市近郊の部分にだけ通勤列車を走らせている。駅のホームなどを新設するだけなので、その気になれば客車列車の運行は比較的容易である。

しかし、これら通勤鉄道の運転内容は日本では考えられないようなものだ。たとえば、テキサス州のダラスを例にすると、平日のラッシュ時でも1時間に3本程度、土曜日は1~2時間に1本程度となり、日曜は運休する。日曜日を運休にできるほど、アメリカでは鉄道は普段利用されていない。列車で通勤といっても、しょせんは列車だけでは自宅からオフィスへ通える人は少なく、多くの乗客は「パーク&ライド」のシステムを利用、自宅から駅までは自家用車を利用し、駅前の駐車場に車を止めている。比較的郊外まで運転しているワシントンやサンフランシスコの地下鉄でも、郊外の駅には駐車場が完備されている。

アメリカでは主要都市に2階建て車両による通勤鉄道があるが……（ロサンゼルス）

2階建て通勤列車の車内は、通勤列車とは思えないほどゆったりしている。4人が2人ずつ向かい合うボックスシートはあまりに広々としていた。ガラガラの車内だったので、私は靴を脱いで足を向かい側の座席に投げ出そうとしたが、恥ずかしながら私の足は向かいの座席に届かなかった。そのくらいに座席間隔が広い。

また、アメリカでは鉄道に通勤需要はあっても、通学需要はない。通学にはスクールバスを利用するのが一般的で、日本のように公共交通に通学生が乗ってくることはない。高校生になると、州によっては公共交通での通学より自家用車での通学が一般的となり、学校には生徒用の駐車場が完備されているくらいとなる。

自動車社会のため、地下鉄などの公共交通は自家用車を持てない低所得者層の乗り物になっているという現実もある。具体的にはアメリカにやってきた移民が多く利用しているという実態もある。マイアミの高架鉄道では駅構内などの表示は英語とスペイン語が同等に扱われていたほか、サンノゼのＬＲＴでは英語とベトナム語が同等に扱われていた。

観光客も使いやすくなったニューヨークの地下鉄

こんなアメリカにおいて、１都市だけ例外がある。それがニューヨークである。ニューヨークは地下鉄が発達していることで世界でも有名であり、世界の代名詞的な地下鉄としてロンドン、パリと並べて語られるほどである。ニューヨークの中心部マンハッタンだけではなく、ブロンクスやブルックリンにも多くの路線があり、空港アクセス鉄道としても機能している。24時間運行しているというのも有名な話だ。自家用車が主流で、脇役として地下鉄があるのではなく、都市内移動に最も便利な交通機関となっており、利用者も多い。需要の多い路線では地下を方向別複々線が通っていて、急行と普通が独立した線路を運行、主要駅では同じホームで普通から急行へ、急行から普通へと乗り換えられる。鉄道としても完成度の高い地下鉄である。「地下鉄」に関してはニューヨークだけは他のアメリカの都市とは別と考えたほうがいい。

日本の地下鉄のように、路線ごとに運行区間が決まっていないという特徴もあり、ニューヨークでは、銀座線、丸ノ内線といった分け方はしておらず、系統で呼ばれている。日本でいえば、渋谷発浅草行きの銀座線もあれば、渋谷発で赤坂見附から丸ノ内線に入って池袋行きとなる列車もあり、それが交互に運転されているような感覚となる。

運賃は均一の2・5ドル（約290円）、メトロカードを利用して2・25ドル（約230円）と高価だが、1日券は7・5ドル（約870円）と、日本とほぼ同じ水準になるほか、これ1枚でニューヨーク観光の名所はすべて回れると考えていいだろう。

日本と異なる事情も多く、始発駅から乗ると当然車内は空いているが、なぜか座席は車両中央から埋まる。日本ではどうしてもロングシートの端に人気があるものだが、ニューヨークでは逆となる。理由はひったくりの手口が、端に座っている乗客からカバンなどを奪い、ドアからすぐ逃げるということが多いからで、最近では端の座席の手すりが大げさに造られている車両が多いが、これはひったくりしにくいようにとの形状である。もちろん車内に荷物棚などない。あっても利用する人はいないだろう。新車導入にあたっても、車体の材質が、落書きを消すのが容易かどうかが重要視されるなど、日本では考えられないような事情が多い。ニューヨークの地下鉄は、他のアメリカ諸都市と違い、時間帯によってはかなりの混雑となるが、人を押してまで乗るということはしないので注意が必要だ。混雑している場合は、次の電車を待つのがマナーのようで、人を押してまで乗ろうとすると、かなり嫌がられること間違いなしである。

日本とは違う部分の多いニューヨークの地下鉄

日本人が最も困ってしまうであろう事情が、駅にトイレがないということだ。正確には、以前はトイレのある駅も多かったのだが、現在は閉鎖、もしくは取り壊してしまった。

1980年代頃まではニューヨークの地下鉄は、ダーティーなイメージがあった。「ニューヨークに行っても地下鉄には乗るな」と言われるほど治安が悪かったし、車両は車内・車外とも落書きだらけであった。当時、ジョン・F・ケネディ空港への連絡列車が運行されていて、外国人観光客も利用したが、この列車のみ警官が添乗し、ドアも3両編成中1カ所しかあけず、不審者の乗車を防いでいた。

しかし、その後、ニューヨークの地下鉄は照明を明るくし、監視カメラを多く設置、車両をきれいにし、ダーティーなイメージを払拭し、現在では観光

1980年代までのニューヨーク地下鉄車内は落書きがひどかった（1984年撮影）

客が便利に利用できるまでになった。その過程において問題となったのがトイレで、監視カメラを置くわけにいかず、トイレが麻薬売買、恐喝の場所になりやすかったのである。だからといってトイレを廃止するというのは本末転倒だが、それがそうならないのがアメリカの病める部分である。そこで現在はほとんどの駅でトイレはないと思っていいだろう。

　ではニューヨーカーはトイレをどうしているのかと気になるところだが、一般的にはファストフード店などのトイレを利用していて、駅で駅員に尋ねても同じ答えが返ってくる。店によってはトイレに鍵がかかっていて、店員から鍵を借りて使わせてもらうシステムの場合もある。

「郷に入りては郷に従え」ではあるが、日本人にはわかりにくいシステムである。

あとがき

混雑の激しさ、運賃の複雑さなど問題の多い日本の都市交通。一方、車両の清潔さ、ダイヤの正確さ、駅に必ず無料で設備の整ったトイレがあることなどは、やはり日本が一番である。また、日本は欧米を手本にしても、アジアを手本とすることはまずないようだが、それは間違いのような気がする。島国ゆえに、日本の鉄道は海外と比較されることが少なく、独自の進化を続けているが、自慢できる部分は自慢していいと思うし、欧米に限らず、海外に学ぶべき部分は謙虚に見習うべきであろう。

利用者の公共交通との接し方にも日本は独特なものを感じる。以前、メキシコシティーの地下鉄車内でクシャミをしたところ、周囲の人から「Salud《サルー》」（健康）と言われた。英語圏でいう「God bless you」（神の祝福を）と同じで、日本語でいえば「お大事に」といったところだ。いかにもメキシコらしいラテン系のノリであった。何度かそういう場面があったので、今度はクシャミをしている人に「Salud」と言ってみる。不思議とその場が和むが、海外ではこうして他人同士が「いやー実は仕事が忙しくて参っちゃってさ」といった会話になる。電車は社交の場なのだ。しかし、もし日本の電車内でクシャミをした他人に「お大事に」などと言ったらどうなるだろう。「変な人」と思われるのが関の山である。日本の電車内では他人とコミュニケーションをとることがほとんどないというのを感じる。やはり電車は楽しく乗りたいもの、そう考えると個人主義重視のパリでもやはり地下鉄車内は一種の社交場になっている。

お隣韓国でも電車内で他人同士が話を交わすことが多い。この国では道や電車のことを尋ねる時、警官や駅員より一般人に聞くという習慣のようなものがある。おそらく、そのほうが利用者目線の答えが返ってくるということなのではないかと思う。私も韓国では日本にいる時以上に他人に話しかけられる。実際は言葉が通じないのだが、顔が同じなので外国人と認識されないのだ。このようなことからすると、日本の通勤電車事情は、少し疲弊してしまった日本社会の現状も感じるのである。

最後になるが、本書執筆にあたっては、株式会社交通新聞社の土屋広道氏にご尽力いただいた。末筆ながら感謝の意を表したい。

谷川一巳（たにがわひとみ）
昭和33年（1958）、横浜市生まれ。日本大学卒業。旅行会社勤務を経てフリーライターに。約50カ国の列車に乗車した。雑誌、書籍などで世界の公共交通機関や旅行に関する執筆を行う。主な著書に『空港まで1時間は遠すぎる!?』（交通新聞社）、『割引切符でめぐるローカル線の旅』『鉄道で楽しむアジアの旅』（以上、平凡社）、『ローカル線ひとり旅』（光文社）、『バスを良く知る基礎知識』（イカロス出版）。

交通新聞社新書073
こんなに違う通勤電車
関東、関西、全国、そして海外の通勤事情
（定価はカバーに表示してあります）

2014年12月15日　第1刷発行

著　者――谷川一巳
発行人――江頭　誠
発行所――株式会社　交通新聞社
http://www.kotsu.co.jp/
〒101-0062　東京都千代田区神田駿河台2-3-11
NBF御茶ノ水ビル
電話　東京（03）6831-6560（編集部）
東京（03）6831-6622（販売部）

印刷・製本―大日本印刷株式会社

ISBN978-4-330-52414-6